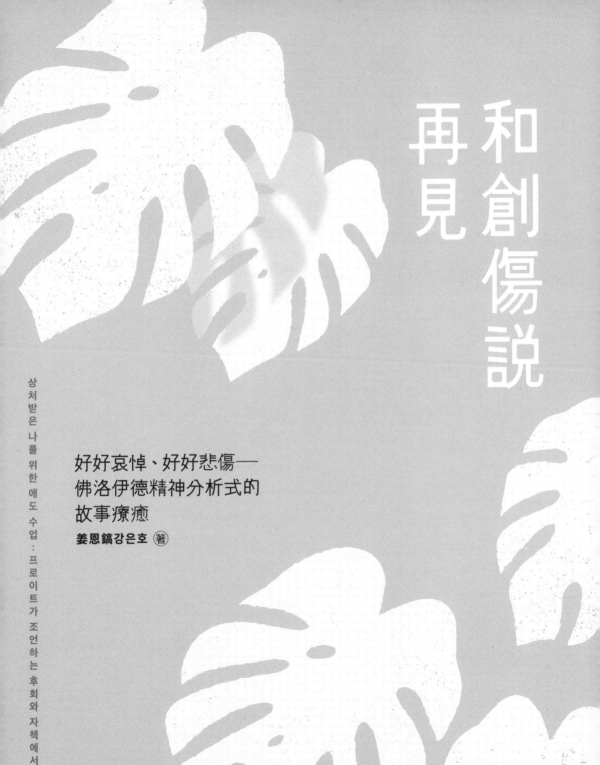

和創傷說再見

好好哀悼、好好悲傷——
佛洛伊德精神分析式的
故事療癒

姜恩鎬강은호 著

상처받은 나를 위한 애도 수업 : 프로이트가 조언하는 후회와 자책에서 벗어나는 법

目錄

推薦序

走入哀悼，走出創傷

諮商心理師、心理學作家　鐘穎

這是今年最令我感動的深度心理學作品，由韓國分析師姜恩鎬所寫，每字每句每個故事，都使我一再回想起日本分析師河合隼雄筆下的溫柔視野與寬厚。

精神分析是處理時間感與意義的學問，而這正是所有創傷倖存者的痛苦之所在。創傷遠比你我以為的還要普遍，讀者想必也有過類似的經驗吧？感嘆著「當時如果……」，回想著生命的某個時刻，這都是時間感受到創傷經驗所影響的尋常例子。我們內在的時鐘停滯了，彷彿被放逐到一座不存在的島嶼，日復一日，重複著事件發生的那一天。

精神分析也是關於記憶與遺忘的學問。為什麼有些記憶如此鮮活，有些拚了命想記住的卻不免逐漸淡去。在漫長的一生中，那些記得與遺忘的事物構成了我們個人獨特的生命，而這究竟是福還是禍？

精神分析更是詮釋與懷疑的學問。所有陳述與打破常規的行為背後都藏著另一層意思，而且當事人有時渾然不覺。忘了交作業的學生，忘了買牛奶的老公，或者忘了赴約的老朋友。人生沒有意外，意外不過是潛意識有意為之的結果。你信還是不信？

然而精神分析創立的目的是為了協助所有遭逢失落的人們能好好哀悼，用現在很流行的話來說，就是為了療癒。**成長的過程就是一連串失落的過程，我們失去一些，才能得到一些。問題是，失去的那一些並不會真的失去，而是以某種形式存放於心裡，慢慢發酵，如果一直放著不管，它終將臭不可聞。**

由於這本書大量述及了當代小說與韓國的創作，因此我也不揣冒昧地舉個本土的例子。臺灣第一位芥川賞的得獎作品《彼岸花盛開之島》就以象徵性的方式描述了失落，直到「男人」及其所象徵的廣大世界被接受之前，女主角都必須在這座遺忘了歷史的島嶼裡等待認可與復原。島上被禁止學習的「歷史」，就是因創傷而凝結的時間。

自我療癒何其困難，因為哀悼的歷程總是隱而未顯，但時間從不停歇，新的失落很快添加在舊的失落之上，直到某種症狀強迫我們必須面對為止。這些症狀中最常見的就是失眠，甚至是捨不得睡。透過報復性的熬夜，來補償好像白天生活太過「充實」（其實只是無意義的匆忙）的遺憾。許多人因此失去了最基本的休養本能，陷在慢性自殺的生活模式裡。

時間感的破壞因此與意義產生了聯繫，熬夜便是我們心理上謀求「再生」的一種願望，象徵著我們想要重啟每一天的潛意識期待。

這種對於再生與重啟的渴求就是書中談到的哀悼歷程的重要部分。那人際關係中重複出現的主題，你腦海裡反覆回想的「當時如果」，都得在述說或類似的表達過程裡重新體驗（例如：遊戲治療、沙盤、藝術治療、或身體工作取向的治療），而後才能緩慢退去，使舊故事納入新元素，再編織成全新的意義。

利用「故事」的象徵，獲得療癒的力量

你注意到了嗎？我用的詞語是「故事」。不論是病人的故事、電影的故事、還是動漫的故事皆是如此。精神分析與榮格心理學（兩者可合稱「深度心理學」）都是擅長聆

聽與解讀故事的學問，因為我們把病症視為一種象徵，它的目的是為了溝通，為了促使天性抗拒改變的自我（ego）能對失落與創傷的情感敞開心胸，促進更深層次的整合。述說與聆聽因此同時療癒了雙方。

把故事裡的元素或病徵視為象徵是有好處的。因為象徵會穿透表象，一如電影《神隱少女》中吞掉了一切的無臉男，不用過多解釋，許多觀眾都能明白他在說出「好孤單」之後就吐出一切究竟在表達什麼。本書作者藉由此例在談暴食症，我此處試著補充一句：內在越空乏的人越想擁有更多。

而解方何在？解方就在於那句「好孤單」。當他說出好孤單的那一刻，也就是他能將內在的空乏給化為語言說出來的那一刻，無臉男就走在了哀悼的路上。什麼意思？療癒有賴於將難以說出口的情緒轉為語言，唯有如此，情緒（emotion）才能再度化為感受（feel），成為無害的東西。海原電車之旅，就此開始。

使用象徵來進行治療雖然也散見於不同學派，但卻是深度心理學最富特色的手法。象徵是意識與潛意識的中介，我不擬對它詳細解說，只請讀者想想，你的房間裡、辦公桌上有沒有療癒小物？它的存在如何療癒了你？它可能逗趣、可能犯懶，在應該精實的辦公室裡看來一點都不精實，可它承載了你的投射，見到它與世無爭或搞不清楚狀況的模樣，你的某部分也跟著釋放。

深度心理學看重這樣的中介，佛洛伊德則是開啟這門知識的創始人。正因為具備這樣的視角，心靈中原本模糊的陰影突然照進了亮光。一代又一代的分析師投入其中，一代又一代的學習者也跟著受益。但是，理論轉化為生活是極不容易的。討論精神分析理論的書籍雖然越來越普及，但長年的教學經驗告訴我，它離一般民眾依舊遙遠。原因很多，但最重要的原因，我想是像姜恩鎬分析師這樣傑出敏銳的說書人並不多見，這樣溫暖深刻接地氣的文筆，不論國內外，都找不到太多的例子。

這是一本能使讀者進入心靈內核，又使讀者能安穩離開的作品，大量的故事運用讓人可以無痛吸收精神分析的精髓，而非困惑於生冷的術語。心理學觀點的故事分析本就是我的興趣之一，因此我可以負責任地說，這本書是精神分析的相關作品中最引人入勝的。走入哀悼，走出創傷，姜恩鎬出色地完成了他的任務。日後再有人問我學習精神分析應當從何處入手時，我只需要把這本書拿起來，對他擺擺手就夠了。

前言

關於生命的船錨

「事業與愛是做人的核心。」

——西格蒙德．佛洛伊德（Sigmund Freud）

我認為佛洛伊德這句話裡所說的「事業」，並非單純只是在說是否有個好職業。這裡的事業，是泛指自己真正想要的、能做好的、能找到足夠意義的社會活動。

愛也是一樣。愛包含了許多不同的意義與要素，我認為就廣義來看，「愛」這個字總結了許多關係的樣貌。每一種愛的基礎，都是對自己的愛。俗話說「要先自救方能救人」；唯有能充分滿足自己內心需求的人，才能好好地愛別人。否則，關係只是在

「愛」這個包裝之下，充滿攻擊、壓榨或是被壓榨的一種顛倒狀態。而**我與自己維持著怎樣的關係、尋找能愛自己並以此為基礎去愛別人的方法，就是精神分析的過程**。從這個脈絡來看，我認為「事業與愛」的對象是精神分析。

二十多年前，自紐約學成歸國的李東秀（音譯）老師，曾舉辦一場精神分析研討會；那場研討會對我來說，有如在烈日下往背上澆一灌冰汽水般的暢快。或許是我始終在等待有人能安撫我心中的焦急，當時我明確地感受到，我這輩子都將鑽研這個領域。

我在四十多歲時放棄韓國的一切，與家人一起前往紐約。紐約是我老師的城市，是我的精神分析師的城市，也是我攻讀的自我心理學（ego psychology）領域中傳奇人物們活動的城市。親眼見證了紐約，雖然令我感到新穎，卻也令我感到無所適從。紐約，自由卻毫無系統，在這座城市裡有許多新穎的理論蟄伏，卻也有許多人假借學術傳統倚老賣老；紐約是個存在著巨大矛盾的地方。

不，是我所見的紐約本身就是個巨大的矛盾。基於這個想法，我也認為我那幾年的紐約留學生活就是一段矛盾的時期。「雖然那段時期我過得十分富足，卻也十分困乏；那是一段愛的時期，卻也充滿著糾結與怨恨；那是一段成長的時期，卻也必須與不時襲來的自我意識對抗。就這樣，人生的一段時期過去，孩子們也長大了。」

以上這段文字記錄的，是在與那矛盾對抗的過程中所浮現的想法與思緒，是我在接受精神分析的諮商室沙發上、在獨自學習時經常造訪的中央公園樹下的長椅上、在紐約公共圖書館玫瑰閱覽室中、在大都會博物館本館與修道院博物館本館內寧靜咖啡廳的桌邊、在期刊室裡所浮現的小小想法。（在進修精神分析的過程中，最核心的要素不論怎麼說還是個人的分析。讓不是主修該領域的諮商者來到諮商室，像在接受諮商一樣解決自己內心的問題，這被稱為是教育分析的諮商過程，通常為期四至五星期，平均要進行七至十年或更長的時間。）在那些想法外溢到空氣中消失之前，我會用簡短的筆記記錄下來。幾年下來，便累積足以出版成冊的分量。因此，本書中紐約雖然幾乎沒有登場，但對我來說這本書，本身就是紐約。

不是「知道」失去，而是「體驗」失去

回到韓國已經超過一年，但我仍然清晰地記得紐約公園的陽光、圖書館的味道、躺在沙發上所看見的窗外藍天與朵朵白雲。從這個角度來看，本書是在整理、紀念、哀悼紐約這座城市，以及我生命中最熾熱、最激烈的那段過程中所誕生的產物。而直到我

把正文都整理完畢，在書寫前言的此刻，我才終於領悟到這一件事：「人的生命由每一天的失去所串聯，如同唯有放棄舊東西才能填補新東西的袋子一樣，而這種『送走失去之物離開』的過程就是哀悼。」

偶爾會遇到一些諮商個案問：「硬是挖掘過去有什麼幫助嗎？」但事實上大多數人的狀況，都是過去的某些事情仍以「現在進行式的狀態」留在心裡，只是「腦袋」不想承認或無法承認而已。**用「心」而不是用「腦袋」理解、感受自己究竟失去了什麼，就是哀悼的過程，也是精神分析式諮商最重要的一部分**。

二〇一七年秋天，我曾與從韓國來拜訪我們的岳父岳母，一起到加拿大的魁北克旅行。當時，岳父問我精神分析治療的原理，口才不太好的我沒能給他很好的回答。我說「那是了解自己內心的過程，如果那個過程能順利進行，就能改變內心的結構或是個性，進而改變人生」，不過這段話其實並沒能引起任何共鳴。於是，在已經徹底染上秋天氣息的那個地方，我下定決心總有一天要準備好足以完美回應這個問題的答案。

回想起來，這野心近乎妄想。如果用書就能充分回答這個問題，那麼像我這樣進行諮商的人，應該早就消失了。針對「精神分析究竟是什麼」這個問題，為了得到讓我自己足以接納的答案，我只能親自接受諮商。從這一點來看，當時的野心注定百戰百敗。幾年過去，即使是我在撰寫這本書的那段諮商時期，我仍然沒有放棄那個野心。

人生並不完美，因為人生的主角人類，是不完美的存在；這本書也是一樣，而接受這樣的不完美也是哀悼過程的一部分，這也適用於閱讀本書的讀者。也就是說，希望各位能放棄期待透過這本書「充分」理解何謂精神分析，並且放棄藉此讓人生產生「巨大」改變的渴望。與此相對，當我們說自己「知道」什麼的時候，會知道真正的知識其實是我們體驗理性、感性與身體的生理反應等伴隨著心神的一切過程。

喝下用骸骨盛裝的腐敗之水後，終於領悟的元曉（譯註：新羅時期的人物，為朝鮮半島歷史上的佛教大師，對韓國的佛教有深遠的影響），發現自己的想法、感覺、心臟的跳動與血壓，甚至是毛髮與骨頭都起了變化，獲得一切都連接在一起的某種全面性的體驗。在我看來，透過精神分析式諮商「了解」的過程，就是這樣一種全面性的體驗。元曉達到涅槃境界，他的故事透過書籍流傳下來，而聆聽這個故事的我們大多都認為那份真理，是類似只能用「腦袋」去把握的道理。因此，若各位能在閱讀本書時，透過精神分析的框架，間接地體驗到該如何看待這個世界與世人，且都能對精神分析產生一點點興趣，那本書就算盡到足夠的責任了。

精神分析，是一種幫助我們改變自己的工具

精神分析的核心前提之一，就是認為無論問題是從何時、用什麼方式開始，解決問題的鑰匙都藏在「自己」心中。我想起詩人朴永根的一段話，他在〈在我離開之後〉當中寫道「詩人發現浸在江水中的岩石，而江水最終沒能開啟那些岩石。」

同樣地，我們心中都有幾顆岩石，會在生命中不斷製造渦流，而那些渦流將不斷折磨我們自己。在很多情況下，我們無法得知這些折磨從何而來，甚至意識不到究竟是不是自己在折磨自己。我對於精神分析的模糊感受，是若能找出心中的幾顆岩石並解決它們，那麼我的生命將會有所改變。不過這也必須與「將問題原因歸咎自身」的行為作出明確區分。

我能夠改變自己，是生命中最迷人、最令人感動的事。為了解決世上的許多問題，我們必須持續地努力；但若必須等到世界改變之後，我們的生命才會變得更好、更幸福，那麼我們還能期待希望嗎？為此，這本書中的許多個篇章，都是告訴我們心中的岩石究竟是以何種樣貌潛藏其中的範例。

精神分析很難用三言兩語解釋，但統整我認為精神分析之所以重要的原因，可以

整理出如下幾點：

第一，精神分析是一種具體的方法，能幫助我們恢復對自己的好奇心。小孩是對世界與對自己充滿好奇的存在，而在成長過程中我們大多數人，都失去對自我生命與內在的好奇心。在這樣的好奇心消失之後，取而代之的，是毫不遲疑地重複某種模式的「重複強迫」。憂鬱症、低自尊或特定的個性，都是這種重複強迫的代表範例。

有很大一部分的人即使重複經歷相同的痛苦，也不會去思考甚至不曾懷疑這是否有問題，而這樣的模式重複久了所衍生出來的主要問題之一，就是防衛機制。持續責怪他人（投射）、認為自己是個不幸的人、不斷責怪自己（自我約束）等，都屬於這一類的情況。這些狀況會使我們無法看清問題的原因、現在的困難究竟會造成什麼影響，也會使我們不再對自己感到好奇。從這個層面來看，與諮商師一起探究該怎麼做才能找回對自己的好奇與關注，就是精神分析重要過程的一部分。若人們能透過本書，稍稍恢復或滿足對自己內心的好奇，那就是我身為作者最為光榮的事情。

第二，精神分析能讓我們重新檢視關係的問題。我們都是不完美的人，所以無可避免地會受傷或留下所謂的創傷。就像我一樣，父母親、父母親的父母親也都是不完美的人，甚至很多人本身都具有病患的特質。因此，在這些關係中所受到的創傷，會使我們產生病態的人際關係模式；而當這樣的模式固定下來之後，就會不斷重複任誰來看都覺得有害的關係。佛洛伊德將與諮商師之間重複這種關係模式的狀況稱為「轉移」。

在進行精神分析式諮商的過程中，會形成穩定的人際關係，那與經歷轉移是截然不同的方式。若對在轉移中重複的模式產生新的體悟，那麼想法、情緒、行為以及人生都會開始改變。

第三，精神分析會幫助我們重新設定過去與現在的關係。沒有過去就沒有現在，而現在的狀態也會影響我們看待過去的方式。不過即便知道這個道理，那些不是主修精神分析卻把諮商當成一份職業的人，還是會批判精神分析是在「執著於過去的事」。實際上，精神分析並不是意圖倒轉時間修正過去，因為沒有人能做到這一點。精神分析是操控現在的學問，也是一種方法論。

例如：詩人金秀英的前妻金炯環的個人散文作品《金秀英的女人》，開頭就是從回憶被媽媽訓斥，暫時被關到閣樓的少女（自己）開始。這本書在回憶與金秀英共度的一生，但我們能說開頭這段與母親有關的幼年回憶（看起來多少有些病態），與她和金秀英之間的愛恨情仇無關嗎？我們不太能將這段幼年回憶視為偶然流經的過往碎片，反而更適合解釋成依舊鮮活地存於現在、屬於內心的某種東西。換句話說，與編年史式的時間不同，精神分析著重的是當下的內在時間，亦即當下的意義，而不受時間順序的影響。

最後，精神分析能讓我們全面看見構成生命的所有連結。我認為將人類的生命、內心、行為全部串聯起來，就是精神分析的基本世界觀。過去與現在相連，透過與父母之間的關係建立起的特定模式，會在與他人間的關係當中不斷重複，同時，在諮商室外的模式也會在諮商室內不斷重複。前一天白天發生的事，到了晚上便會與夢境連結，過去的記憶與創傷則會混雜在這個過程當中。

舉個例子，我經常遇到諮商個案說自己成長過程中都沒有什麼問題，平安無事地長大，實在不知道自己為什麼會過得這麼辛苦。不過開始諮商後，他們就會展現與個人認知截然不同的樣貌。這就表示諮商個案內心的過去或創傷，與當前狀態的連結已經中斷，而了解這之間的關聯如何產生，並恢復兩者之間的連結，就是精神分析的重要過程之一。

本書收錄了很多案例，因為隱私問題，我沒有辦法鉅細靡遺地記錄每個人的故事。雖然書中的案例都是以單一個案的形式書寫，但其實是我把許多個案的常見狀況，利用常見的分類方式進行分類、整理而成。然後我再任意地為這些個案添加個人因素、範例、職業或年齡、家庭關係等條件。其中字號未堂的韓國詩人徐廷柱的〈禪雲寺與東區〉這個例子，是筆者熟人的故事，是在取得當事人同意之下寫進書裡，不過在與個人經歷有關的部分或詮釋詩的地方，我做了相當程度的變造。

感謝所有支持我一路學習精神分析的所有人，也包括正在閱讀此書的你

在前往紐約留學的這件事情上，我獲得很多人的愛與幫助，也想藉由這個機會表達感謝之意。我想再次感謝當我在盛夏時分抵達紐約時，能讓我在找到房子之前的那二十多天當中有棲身之所的羅成洙、鄭聖心老師伉儷。到了異國之後，才深切體會將一部分私人空間分享給另外一個家庭，是多麼了不起的一件事。

從我抵達甘迺迪機場到離開美國的那天，若沒有美國國家認證房地產仲介士張海倫女士的協助，那麼我在美國的生活肯定會更加困難。我在許多事情上都依靠她，而她也總是在我身邊提供協助。至於我在美國初次體驗的許多事情以及大部分的回憶，都是多虧了紐澤西柏林牙科的姜史蒂芬院長，以及女高音金成芝老師伉儷的陪伴。對現在的

我來說，若失去了南紐澤西海邊細沙與微風的回憶，那麼我將無法再想像海灘會是什麼樣子。也想深深地感謝讓我能與這些人締結寶貴良緣的李炳宰老師。

我個人雖不是基督教徒，但還是想謝謝總是為我擔心、為我禱告的耶魯大學醫院安敬翕老師與申桂伊老師伉儷，以及偶爾在安敬翕老師宅邸中聚首，分享彼此近況的同門學長姐、學弟妹們。也想謝謝僅只是因為我們來自同一個國家，就對素昧平生的陌生人釋出善意、提供協助的李晟源老師，以及紐約紐澤西韓人醫師會的各位醫師們。也想謝謝對我多加照顧的丹尼爾、俊以及達妮的爸媽，還有特納夫萊的所有韓國朋友。

我想藉這個機會，感謝在紐約同甘共苦的韓國醫師同事、先到紐約讀書的醫師前輩，在尋找留學單位時提供我許多資訊與建議的崔炳健醫師。金美敬老師每當有事造訪紐約時，都會一併給予我許多鼓勵與支持，但我似乎未曾好好感謝她。我來美國之前為我諮商的分析師或許沒有機會讀到這段文字，但我也想謝謝來紐約前為我諮商的分析師與醫師們。

撰寫這本書的過程，是我得以徹底沉浸在自我內心的時間，但書寫不順利時卻也令我萬分痛苦。每當到了這個時刻，金磚有限公司的金南好代表寄給我的康普茶，在幫助心情平息這件事上發揮了很大的功效，我想再次謝謝金代表。

此外，若沒有雙方父母深切的關心與擔憂，我不僅不可能去留學，更不可能完成這本書。無論用什麼樣的言語，都無法表達我對那份深刻之愛的感謝。太太的外公也非常關心孫兒們，可惜的是他在我們歸國不久後便去世了。他多次閱讀我的前一本著作《我仍覺得與人相處很困難》（直譯，나는 아직도 사람이 어렵다），並給了我幾項寶貴的指教。若他能看見這本書出版，肯定會比任何人都開心。我也想藉這個機會，感謝許多親友給予我們大大小小的協助。

當然，如果沒有出版社的代表與編輯部的相關工作人員，這本書便不可能出版，我想對各位的辛苦致上最深的謝意。

精神分析與文學是我生命中的船錨，這也是為什麼書中有許多與文學相關的內容。話雖如此，沒有什麼能代替名為「家族」的錨；我人生最重要的時期固然十分困苦，但我的太太與兩個孩子卻能陪伴著我，與我共度這段時期，最後我想向他們表達我最深的愛與感謝。

第一章

接受痛苦，但不要自責

我們的人生需要些許的罪惡感與自責感。

適當運用這些情緒，能讓我們自我反省，

而這也是邁向下個階段的原動力。

然而，過度的罪惡感與自責感，會使我們受傷。

幸好，我們每個人的時間都不會停滯不前，我們的人生都會改變。

這一點對所有人來說，都是公平的。

只是我們會往什麼方向改變，

取決於如何接受，以及如何抒發這些情緒。

心理上的
再體驗

努力嘗試擺脫自己的錯誤

即將大學畢業的A女來到醫院，一開始她表示自己受失眠所苦。

她說，她躺到床上就會不斷想起白天發生的事，難以入睡。即便在別人眼裡只是件小事，但只要她稍微感覺到自己犯錯，就會不斷在腦中迴響，宛如仍在運作的引擎一樣，心中滿是後悔。而在這些後悔之下，潛伏著「都是我的錯」的想法：

「我明明不用把話說成那樣，是我太著急了。」

「那個人看起來心情就不好，是不是我做錯了什麼？」

「明明只要稍微忍耐一下就好，都是我搞砸了。」

A真正的問題是什麼？由於人心十分複雜，故難以只用單一原因解釋這些現象。

不過以負面的角度看待這個世界，並將一切都歸咎於自己的觀點；比起責怪他人，更容易把責任攬在自己身上、自我埋怨的態度，通常是源自於年幼時期未能被愛的創傷。

A說，在她成長過程中從未曾感受到父母的愛。三代單傳的哥哥對父母來說，是捧在手掌心上的寶石，也是家中的支柱。就算只是和哥哥有小小的爭執，父母也總是站在哥哥那邊，責怪、批評A。

可惜的是，我們無法扭轉時間回去再體驗那件事；感覺過去遭受的衝擊，而現在依舊歷歷在目，其實與我們的創傷息息相關。只是痛苦不安的心，使我們看不見那些過去所具備的現在性。因此，妥善區分過去的事件在現在所發揮的影響力，以及真實的現實情況，是哀悼最重要的過程。

當然，每個人感到痛苦的時刻都不一樣，所以從創傷中恢復的方法，也取決於這些經驗。例如：作家或藝術家經常會透過作品重現、昇華自己的創傷經驗與心理痛苦。經典的例子之一，就是知名文學作品《彼得潘》（*Peter Pan*），以及撰寫這部作品的蘇格蘭小說家詹姆斯·馬修·巴利（James M. Barrie）。

無法釋放的情緒團塊

詹姆斯．巴利出生在蘇格蘭的中產家庭，在家中十個兄弟姊妹當中排行第九。他七歲時，當時十三歲的哥哥大衛在溜直排輪時摔倒，受了很重的傷，接著在幾個小時內死亡。兒子突如其來的死亡，使詹姆斯的母親瑪格麗特罹患重度憂鬱症，多數時間都躺在幽暗的臥房裡度過。瑪格莉特唯一的安慰，就是幻想死去的兒子大衛，以不再繼續成長的姿態、以十三歲的年紀活在天堂，永遠不會老去。

然而，此時七歲的詹姆斯非常需要母親的關愛，但躺在臥房裡的母親，實在沒有餘力再去愛剩餘的九名子女。某天，詹姆斯打開了母親昏沉幽暗的房門，而躺在床上面對牆壁的母親，聽到開門的聲音便問：「是你嗎，大衛？」詹姆斯回答：「不，媽，是我，詹姆斯。」

瞬間驚醒的瑪格莉特從床上坐起身來，張開雙手擁抱詹姆斯，而這件事情也成了對兩人母子關係造成重大影響的象徵性事件。

無論母親如何張開雙臂溫暖擁抱詹姆斯，看著因重度憂鬱症而成天臥病在床的母親，詹姆斯會做何感想？而且母親的心裡只有已經死去的哥哥，絲毫不關注自己（當然，母親的確也在很多地方相當用心，但現在我們需要站在詹姆斯的立場思考），這些事情會因為詹姆斯當時只有七歲而察覺不出來嗎？詹姆斯的心裡，會不會也有無力感、失望、沮喪、悲傷、痛苦、憤怒、惋惜等情緒呢？

然而，這當中的問題在於，當孩子長大成人、發展出足夠的認知能力之前，大多無法仔細思考、感受心中的眾多情緒或當下的情況。因為這些情緒，大多都是糾結且負面的情緒團塊，而幫助孩子能一點一點地拆解情緒團塊，認知、感受並用言語表達出來，就是父母與成年人所應扮演的角色。也就是說，假設現在孩子在哭，我們無法得知孩子是傷心而哭、委屈而哭，還是因為生氣而哭，所以，父母與大人應該盡可能地配合孩子的角度，努力嘗試和孩子對話，試圖了解孩子究竟在想什麼、感受到什麼情緒，並展現出盡力傾聽孩子聲音的態度，例如：

「乖，原來我的寶貝很傷心啊！」

「原來你很生氣啊！」

我們需要用這種具同理心的方式對話、配合理解其內心的方式，並說明整件事的過程，因為光靠言語難以幫助孩子區分情緒。也就是說，必須對孩子有同理心、顧慮與關懷，才可能做到這一點。當親子之間秉持著愛與信賴發揮相互作用時，孩子就能更加瞭解自己的內心。而成長過程中與父母有充分交流的孩子，才不會對自己所處的情況過度悲觀或樂觀，也才能擁有更客觀看待自己的態度與力量。唯有當孩子能具體細分、感受並理解由內在與外界發生的事所引發的複雜情緒波動時，才能理解他人的觀點、想法與感受。

未中和的情緒團愧不會隨著成長消失，而是會在心中成爲疙瘩

解開孩子心中因創傷性事件而產生的負面情緒團塊稱為「中和」。當中和過程進行得不夠充分時，這些難以用言語化解的情緒團塊，就會有如異物般在內心深處紮根。而在成長過程中，當事人也無法明確感受到自己內心深處，有某些東西正在萌芽。身體雖然長大了，但內心深處的某個角落卻有個疙瘩；雖感受不到任何痛苦，卻也會使人無法意識到未來會因此遭遇什麼問題。重點在於若意識不到這些問題，就無法完整表達出自己的感受。

這樣的創傷並不完全源自於外界的事件。這些情緒團塊以完全未經梳理的狀態，如異物一般存在於內心深處的角落，已經接近某種「內化」的狀態。

看著母親說出「是你嗎？大衛？」這句話時，七歲的詹姆斯會是什麼感覺？他會想「我現在感受到的情緒叫做悲傷」、「媽媽因為死去的哥哥而痛苦，所以才無法好好照顧我。不過媽媽會好起來，我的悲傷也會好起來」嗎？還是會被比這更加強大，讓人感到茫然的負面情緒席捲吞噬？

或許詹姆斯．巴利會認為，大衛這起令人束手無策的意外事故，全都是「我的錯」也說不定。**一般來說，孩子遭遇自己難以承受的痛苦情況，會有以自我為中心詮釋問題的傾向，也就是產生「都是因為我」的想法**。詹姆斯甚至可能會想，只要自己代替哥哥死去，媽媽就會變得幸福。無論是哪一種情況，這所有傷痕都會存在於詹姆斯心裡，永遠不會消失。

據說從此之後，詹姆斯就會穿上跟死去的哥哥大衛一樣的衣服，或模仿他的聲音、走路的步伐，他的母親也曾因為這樣的詹姆斯，再次受到打擊。雖然這些事情都已經過去，不過若詹姆斯能更仔細地區分自己的情緒，並能將其充分地以言語表達出來，或許一開始就能減少許多造成問題的行為。

無論是成人還是孩童，只要不好好梳理情緒團塊，就會造成問題。**「情緒十分糾結」這句話代表著弄不清情緒的意思，而無法以細膩的心觀察造成自己這個狀態的情緒，也就意味著我們並不了解自己。**若不了解自己，便很難了解他人。如果無法明確掌握自己現在的狀態、抱持怎樣的情緒那會如何？那會使我們無法察覺這些情況，會對我的個性、行為帶來什麼影響，也不會明白這些對他人而言將會是什麼意義。

《彼得潘》與伊底帕斯情結

實際上，我們可以把《彼得潘》看成是詹姆斯．巴利在「心理上再體驗過去」的經歷，並在嘗試克服該創傷過程之下所誕生的產物。

什麼是「心理上的再體驗」？過去，佛洛伊德曾經解釋過這一類的心理再體驗現象。舉例來說，曾經歷特定事件造成某種創傷的人，會有在內心不斷重複該事件的傾向，像是：引發重大衝擊事件或意外的受害者，會不斷回想過去，並責怪自己「當時應該這麼做、應該那麼做」，就是一個相當經典的例子。

所謂「心理上的再體驗」是在心中重現當時的情況，並用不同的方式看待創傷、

嘗試克服創傷的一種方法。對許多作家來說，作品就是這樣一種再體驗的場域。那麼在這部作品中，彼得潘究竟象徵著什麼人？首先，我們可將彼得潘視為詹姆斯死去的哥哥大衛。因為母親瑪格莉特殷殷企盼的「以十三歲的年紀活在某個地方，永遠不會老去」的孩子，其實就是彼得潘。從這個角度來看，作者在這個作品中實現了母親的願望。

但另一方面，彼得潘也是作者自己。原作中彼得潘非常好鬥，帶溫蒂前往夢幻島時，表現出來的態度也非常固執；與虎克船長戰鬥時，彼得潘還將他的手斬斷餵給鱷魚。從彼得潘如此具攻擊性的態度看來，作者詹姆斯．巴利是想透過彼得潘，甩開自己死去的哥哥大衛，一解由於母親心中沒有保留位置給他，而埋藏在他內心深處的怨恨與憤怒。

我們每個人的心中，尤其是潛意識中都存在著這樣矛盾的情緒，而這樣的情緒可以稱為「矛盾心理」。《彼得潘》帶來的心理學樂趣之一，就是完美地利用一個角色詮釋了這樣一種矛盾心理。

如前所述，哥哥大衛因意外死亡時，詹姆斯才七歲。七歲在佛洛伊德的精神分析理論上，是非常重要的時期。佛洛伊德認為，人通常會在滿三歲至六歲之間出現伊底帕斯情結，而七歲則是還會受到伊底帕斯情結影響的年紀。

繼續說明前，我們先簡單整理一下一般人所認知的伊底帕斯情結。

在伊底帕斯情結的影響下，孩子通常會將父母中同性的那一方視為競爭對象。孩子會為了獨占異性家長的愛，而與同性家長相互競爭，進而對同性家長產生攻擊性。此外，這個過程也是孩子將自己與同性家長視為一體，逐漸變得與其越來越相似的過程，而象徵同性家長的他人（以詹姆斯的情況來看就是哥哥大衛），也可以成為競爭對象。

在許多作品、傳統童話、孩子們的想像中，伊底帕斯情結的競爭對象，都會以壞人的形象登場，在《彼得潘》當中就是虎克船長。也就是說，虎克船長是爸爸，也是死去的哥哥大衛。處在伊底帕斯情結時期的兒子，在發展出攻擊性的期間，隨之而來的罪惡感也會在心中紮根。因此，成為伊底帕斯情結對象的人物，其實扮演著非常重要的角色，其中之一就是不能死去也不能報復。這裡的死去並不是實際上的死亡，而是一種象徵性的意義。如果像詹姆斯的哥哥大衛，也就是詹姆斯的伊底帕斯情結作用的對象，真如字面意義上所述一樣死去，那將會帶給孩子過度複雜的心理課題。

在伊底帕斯神話中，伊底帕斯殺死了自己的父親萊瑤斯。雖然在現實中這種殺害父親的事情並不常見，但如果是在潛意識之類的內心深處呢？可以發現我們能輕易地在孩子的遊戲當中，看見反映潛意識的舉動。在孩子的遊戲中，無論是父親還是母親，任何人都會輕易死亡或被殺死（然後很快復活）。佛洛伊德與後世的精神分析學家認為，這些遊戲代表孩子們的內心世界，總是存在著這樣具攻擊性的幻想。即便幼兒期結束，這些幻想仍深藏在每一個成人的潛意識中，只是差別在於成年人會因為道德與罪惡感，難以有意識地感受到這些想法或幻想。

許多前來接受心理諮商的個案，如果在諮商過程中想起具攻擊性的幻想（精神分析中所說的幻想，意思接近於我們平常說的「想像」或「妄想」）、想法或意象時，大多會感到十分慌張。若這些幻想的對象突然死亡或遭遇重大意外，通常會使幼兒或處在青春期的孩子（在從前的心理發展課題中，青春期被認為是再一次「總整理」的過程）產生非理性的罪惡感，他們會認為是自己的攻擊性招致了這個結果，且這種現象十分普遍。

在《彼得潘》中，這個對象並不是大衛或父親，而是化身成為虎克船長這「絕對的惡」，藉此避免了攻擊性與罪惡感之間的緊張。詹姆斯．巴利或許也沒意識到自己心中發生的改變過程。只是因為伊底帕斯情結認定的競爭對象，也就是哥哥大衛實際死亡，而使得詹姆斯在發展、解決與伊底帕斯時期有關的攻擊性和罪惡感時，經歷了相當程度的困難。再加上母親瑪格莉特遲遲無法放下哥哥大衛，更讓詹姆斯的心理發展變得複雜：竟然要和沒有實體的幽靈競爭，這遊戲的規則實在是太不公平了。

詹姆斯．巴利雖然看似藉由撰寫《彼得潘》，並透過創傷的再體驗一定程度地擺脫了創傷，但似乎還不夠充分。遺憾的是，在母親瑪格莉特死後，詹姆斯便過著十分不幸的人生。

尊重心靈前進的速度

閉上眼睛靜靜想像一下，有一個七歲的孩子十分渴望母親的溫暖，而母親則因重度憂鬱症廢寢忘食、臥病在床；孩子認為是自己的「壞心」殺害了哥哥。

「是我的錯。」

「都是因為我。」

這樣的自責感肯定會壓在這個孩子身上。哥哥因意外去世後，看見母親傷心的樣子，那孩子會怎麼想呢？母親的心全被幽靈（死去的哥哥）占據著，絲毫沒有孩子能介入的空間。帶著這麼複雜且痛苦的心情，若沒有《彼得潘》這部小說，那麼這孩子究竟會過著怎樣的人生？

我們的人生需要些許的罪惡感與自責感。適度地運用這些情緒，能使我們自我反省，並成為進入下一階段的原動力。但過度的罪惡感與自責感，會反過來傷害自己。幸好我們還有時間，我們的人生也會改變，這一點對所有人來說都是公平的。只是會朝哪一個方向改變，就取決於我們如何接受，以及如何釋放這些情緒。

情緒不同於理性和邏輯，它們的性質相互矛盾，卻又同時存在，我們很難一口氣察覺所有的情緒。因此，我們需要等待心的改變的時間，我們必須尊重每個人心靈前進的速度，不盡相同。

自我理想

「還不夠好，還要更認眞」

過去，曾經有位不得不投身戰爭的貧窮軍官，名叫傑伊．蓋茨比，他有名心儀的女性友人名叫黛西。由於黛西的家庭十分富裕，所以無法接納蓋茨比，兩人因彼此的身分差距而分開，後來蓋茨比累積了巨大的財富回到黛西面前。蓋茨比認為，早已嫁做人婦的黛西心中肯定還愛著他，甚至相信結婚三年來，黛西從來不曾愛過她的先生。

縱使時間流逝，蓋茨比仍是與黛西分手時的模樣；換句話說，他的潛意識並沒有隨著時間流逝而改變，依舊保持原樣。是什麼使他的心變得盲目？有些人認為，蓋茨比是為愛放棄一切的浪漫主義者，但也有人認為，蓋茨比是因為太過執著於黛西，甚至偽造個人的出身背景、學歷與過往經歷的人。蓋茨比究竟為什麼會這樣？

佛洛伊德將人類內心對自我形象的理想標準，稱為「自我理想」（ego-ideal）。所

謂的自我理想，指得是「我所嚮往的模樣」，甚或是「我想成為的模樣」。人人都擁有自我理想，但鮮少有人的自我理想與現實一致，而這樣的自我理想，是敦促自己不斷成長的動力。不過，自我理想若過於遠大、設定得過高，就會使人無法接受自己原本的模樣，也就是會過於殘酷地「鞭策」自己。

蓋茨比的現實模樣，與他的自我理想差距甚大，也使得他在離開人世之前，仍在用盡力氣守護那個編造出來的自己。雖然脈絡有些不同，不過我們在日常生活中經常能發現類似蓋茨比的例子。偶爾，我們內心的自我理想會毫不留情地逼迫著我們，彷彿無論做什麼都無法滿足那個自我，他會不斷大喊：「你只能做到這樣嗎？你真是個垃圾！」換言之，自我理想過度嚴苛的人，會任意指責自己的心，即使自己早已身受重傷、滿身是血，他們也不會停止鞭打自己。

在「完美的我」身上尋找自由

站在臨床醫師的立場來看，蓋茨比精神上的現實，與外界的現實有著相當大的差距。佛洛伊德在〈哀悼與憂鬱〉這篇論文中，有一句提到憂鬱患者內在特性的名言：

「憂鬱症患者雖清楚知道自己失去了誰，但卻不知道自己的內在失去了什麼。」

蓋茨比看起來雖沒有罹患憂鬱症，但其實也能套用佛洛伊德的這句話。蓋茨比理性上肯定知道，現實中黛西已離開自己與其他男人結婚，但他卻不知道在自己心裡不僅失去了與黛西之間身為戀人的愛，也早就失去黛西這個重要的人生夥伴。**佛洛伊德將接納外界的現實，從對對方的執著束縛中拯救自己，讓自己獲得自由的過程稱為「哀悼」（mourning）**。從這個角度來看，蓋茨比一直到人生的最後一刻，都完全沒有進行隨著失去而來的哀悼過程，而正是沒有進行哀悼的過程，反而讓蓋茨比獲得最悲劇的結局。

無論我們把什麼視為自我理想，一旦過度執著，就會與「現實的我」漸行漸遠。蓋茨比的自我理想不只有黛西，更是因為他自己沒有正視現實。尤其，認為一切都必須完美才能獲得滿足的自我理想，會造成我們無法過著充實的生活。若想順利解決自我理想，就必須適度地調整「夢想」與「現實」的差距來推動自己前進。與此相對，若偶爾遇到自我理想過於悲慘或過於膨脹的情況，大致上可能會有以下兩個結果：

第一是聽見內在認為自己不夠好，不斷催促自己的聲音。若聽見內心不斷驅趕、攻擊自我的言語，大部分的人都會變得無法接受原本的自己。而當這個過程一再重複，就會打擊個人的自尊，進而使人變得憂鬱。

第二種，則是徹底否認自己可能的不足之處或缺陷。當然，這兩者可能同時存在於同一個人心裡，也可能交替出現。出現第二種特徵的人，其不允許有任何缺失、缺陷、不足，他的人生必須「完美且特別」。因此，必須在神的安排之下，和能與其匹配的高貴女子來段命運般的相遇；對蓋茨比來說，那個女人就是黛西。不過實際上，黛西只是個會為了昂貴的名牌襯衫而感動落淚的庸俗之人。蓋茨比過度的自我理想反而蒙蔽了他的雙眼：他心裡的黛西其實是理想自我的投射。換句話說，蓋茨比愛的不是真實的黛西，而是名叫黛西的鏡子所映照出來的理想自我。他愛的其實不是一個女人，而是愛著自己所擁有的幻想。

當內心的時間停滯

我們經常能在憂鬱症，尤其是慢性憂鬱症、邊緣性人格障礙患者身上，看見對自我異常嚴苛，嚴格鞭策自己的情況。一位年過二十五的患者B，在男友離開之後就因重度憂鬱感、自尊感低落、自殺衝動等問題到院就診。雖然失戀是發病的契機，但她其實早就有周期性的憂鬱症，只是當身邊有個經常配合她的男友時，她感覺不到憂鬱，甚至覺得自己是個十分獨特的存在。

什麼邊緣型人格障礙？

這是一種人格障礙疾病，是一種相當激烈的人格特質。這類型的人對被拋棄的情況感到十分恐懼，會不斷在「理想化對方」與「貶低對方」之間反覆，從而培養出一種極度不穩定的人際關係型態。這一類的人大多會經歷慢性空虛及無止盡的慢性憂鬱感，特徵是情緒起伏十分劇烈，且會一再自殘、嘗試輕生。

她具體開始感受到憂鬱這種情緒，大約是從十五歲以後開始。她說她清楚記得自己大約九歲還十歲的時候，就曾經在外婆家看著不斷自屋簷落下的雨水，感覺自己的日常生活就像雨水一樣毫無意義地一再重複；由此可見，她的憂鬱症，很有可能不是從十五歲才開始，而是從小時候就開始了。

根據她的說法，她媽媽非常善變。當媽媽心情好，或是B做了一些讓媽媽開心的行為時，媽媽就會對她好到讓人以為世上不會再有比她更珍惜女兒的母親。但若心情不好，或是對B的行為感到不滿意時，就會不願意讓年幼的B靠近自己，甚至拿一點雞毛蒜皮的小事來責罵她，還曾經語帶威脅地對她說：「妳這樣真的讓我很想死，跟我一起死吧！還是乾脆讓我離開這裡，妳跟爸爸還有弟弟妹妹一起生活就好。」

年幼的B夾在媽媽這種矛盾的態度之間，感到十分混亂。當媽媽威脅她時，她便會有什麼也不能做、束手無策的無力感。長大成人之後，B與年逾花甲的媽媽關係仍然很不穩定，兩人之間的關係有如「簡諧運動」（Simple Harmonic Motion）一般來回擺盪。不過，要說和幼年時期的不同之處，那就是小時候是B單方面受媽媽的影響，現在則是B也會用媽媽對待自己的方式來對待媽媽。

一天，B在來諮商之前和媽媽大吵一架，來諮商的她說自己實在太過生氣，瞬間有了想割破自己手腕的衝動。雖然狀況並不嚴重，但她已經有過幾次割手腕自殘的前例。從精神分析的角度來看，B這一類過度自責或經常自殘的人，對自己進行身體或心理上的攻擊，並不是能用三言兩語解釋清楚的問題。生氣的對象是媽媽，但為什麼會想割自己的手腕呢？

提出自我理想概念之後，佛洛伊德就開始用更公式化和組織化的方式來說明人類的心理，也就是配合「本我」（id，本能的需求、欲望、攻擊性或性的本能）、「自我」（ego，控制本我、超我與現實世界間關係的功能）、「超我」（superego，對自己的理想標準，或進入內在的他人或父母）等三個功能，來解釋人類心理的形成。

「本我」是本能的需求，包括性欲或攻擊性等在內，若無法適度控制這些需求，甚至無法區分地點的話，該個體便難以持續生存，而執行控制功能的角色就是本我。從人類是追求滿足本我的生物這個角度來看，佛洛伊德認為本我是依照「享樂原則」（pleasure principle）運作。相反地，「自我」則是在滿足需求之餘，也考慮到了現實層面的問題，依照「現實原則」（reality principle）運作；理性的判斷、合理的變通、承受不確定性的力量，都是自我的功能之一。

人類是組織社會與建立文明的存在。即便能依照個人不同的標準實施自我的功能、控制需求的滿足，但若想形成一個龐大的社會，如此，仍然會出現許多問題，因此我們需要社會標準或規範。成長過程中，這樣的紀律就在我們的內心紮根，而這一種心的功能就是「超我」，例如：良心就是最好的例子。除了良心之外，超我也包含了在內心形成的標準與自我理想。

像B這樣的個案，通常都是自我功能不夠發達，而超我卻又過於嚴苛，因此會像前面提及的狀況一樣，在產生攻擊性或感到憤怒時，無法適度調節並讓情緒爆發。但為什麼他們洩憤的對象，不是離開的前男友或媽媽，而是自己呢？根據佛洛伊德的理論，這與Ｂ內心的對象，也就是未能進行的哀悼有關。

以男友為例，即使他在現實中已離開了Ｂ，但他仍留在Ｂ的內心深處並未離開。雖然割自己的手腕是受到無法接納自己的嚴苛超我所影響，但同時也是在攻擊持續活在Ｂ內心深處的前男友。

母女關係也一樣。Ｂ長期以來在與媽媽的關係中不斷經歷失去，如果是個在心理上獲得充分照料的成人，即使和媽媽吵架、關係暫時有些彆扭，也不會產生彷彿生存受到威脅的恐懼或害怕。因為大多數人都清楚那些只是氣話，總有一天雙方都會氣消，這時受的傷很快就會復原。

不過我們需要站在年幼的Ｂ的立場想想。媽媽對年幼的Ｂ傾瀉自己的怒火，語帶威脅地說「乾脆去死好了」或「要離開這個家」等，Ｂ會覺得只是氣話而已嗎？即便Ｂ已經是年過三十的成年人，但每次與媽媽起了嚴重爭執，關係暫時落入冰點時，都還是會覺得媽媽將要從這個世界上消失。即便理性上知道不會如此，但感性上卻完全不這麼想，因此，這時Ｂ就會自殘攻擊自己，或是彷彿連自己都可以捨棄般攻擊媽媽。

事實上，我們可以透過小孩的行為表現，來了解人類如何對在內心占據一定重要性的對象發動這類的攻擊。假設現在有一個被爸爸斥責，跑進房間並用力把房門關上的孩子。這時孩子不僅是在攻擊自己，同時也是以攻擊那扇門來代替攻擊爸爸這個行為，因為他正在攻擊內心建立出來的壞爸爸。

別把自己的心變成敵人

當心中的自我理想過於嚴苛，即使無論我們如何努力滿足自我理想，都無法解決這個問題。因為越是努力，要克服的障礙就會越高，而這樣的高標準不會帶來成就感，反而會帶來無力感。同時，一旦認為無論如何努力都無法滿足自我理想的話，我們就會變得憂鬱。

那麼，有什麼方法可以幫助我們，擺脫自我理想所造成的暴力？這時，我們必須接受失去，並哀悼那份失去。**失去的形式非常多元，而哀悼也不只代表送走離世之人的意思；我們一天天老去、原本健康的身體逐漸衰老、孩子們長大離家、父母年老、生病與死亡、心中重要對象的理想形象消失而感到失望等，以上這一切都是一種失去。**

而為了接受並送走失去，我們必須承認心中的「自我理想」與「現實的我」並不相同。如果一直以來都把人生的主導權交給「自我理想」，那現在就該由「現實的我」來推動生命前進。當然，接受失去並不容易，就連接受精神分析式諮商，更進一步了解自己的內心、讓生命更加充實也可以是一種失去。而這種情況其實比想像中更常見。

C也面臨相同的狀況。C是一位四十多歲的上班族，從年輕到現在經常覺得思緒混亂且吵雜。他是為完美主義者，總是努力避免在人際關係上犯錯，每天下班後都會持續在腦中「回想」白天的事情，只要自己感到有一丁點不滿，就會不斷想「應該要這麼做會更好」，同時也會不斷進行心理上的「模擬」，想像隔天「這麼做不知道會不會更好」。

為此，他總是非常疲憊，睡眠品質也不好，但他已經很習慣這樣的模式，所以好長一段時間都沒有意識到這是個問題。而之所以來接受精神分析，是因為極度的慢性疲勞前去看內科，內科委託轉診才促成這個機會。

諮商初期，C的心中充斥不安，很擔心原本的自己會隨著諮商消失，進而變成另一個人。C期待能減輕精神上的症狀，同時使生活更加安穩，但諷刺的是這樣的改變對C來說，卻是一種相當於失去個人認同的巨大失去。諮商剛滿一年多一點時，C的不安不減反增，雖然這只是暫時的，但C卻以「雖然不再想那麼多了，生活變得比較輕鬆清淨，但感覺有點奇怪，一方面覺得自己好像變笨了，同時又覺得好像有什麼從身體裡消失一樣空虛」來表達這份失去感。

讓失去的東西離開的這段哀悼過程非常痛苦，因為我們必須真正接受自己失去的事物，並與自己的一部分道別；不過哀悼也是在接受對方離去的同時，將記憶中對對方的愛與回憶好好珍藏的過程。若蓋茨比沒有深陷在自我理想中，而是坦率地接近黛西，那會發生什麼事呢？如此一來，蓋茨比或許就不會再努力爭取無法達成的自我理想，面對愛情反而能更為坦率，成為另外一種意義上的「偉大的蓋茨比」（*The Great Gatsby*）。

我們不需要為了配合自我理想的標準而折磨自己。如果以暴力方式對待最重要的自己，那我們的心就可能變成自己的敵人。我們需要保持不把心變成敵人的態度，並且讓自己的心成為同伴、協助者。這些改變，並不是隨著時間流逝就能自然成就的事，而是必須由我們自己促成。為了讓珍貴的「我」不被自我理想所扼殺，我們必須冷靜看待自我理想與現實的「我」之間的差異。

投射

對「我不知道的我」的恐懼

身為精神科醫師，同時也是一位主修精神分析的諮商師，經常聽到人們說：「我知道自己有什麼問題。從小我跟父母相處就有問題，我也知道是因為這樣才導致我現在面臨了許多困難。不過，過去也無法挽回，父母也改變了，挖掘過去也沒有辦法改變我現在的人生吧？」

此外，也有一些人會說：「我對佛洛伊德和精神分析都很有興趣，也讀過一些書。潛意識這東西真的很神奇，真的很好奇我心中究竟有什麼。」

話雖如此，很多人嘴上這麼說，但建議他們接受諮商，多數人都還是會卻步。許多人會以沒時間、沒錢為由，從而對了解自己這件事感到遲疑。事實上，世界上並不是只有對精神分析消極的人，也有許多個案原先會為了擺脫某些症狀、某些令他們痛苦、不適的問題前來諮商，不過神奇的是，有些人會在改變即將來臨的時刻，重新回到過去痛苦的循環當中；明明能擺脫痛苦，卻再次回到原點。為何嘴上說著想要根本解決自己的問題，但真正到了可以改變的時刻，卻開始躊躇或回到原點呢？當然，很可能是因為時間或金錢的問題，不過我認為真正的理由是其他原因。

很多人都說想了解自己的問題，但真是如此嗎？了解自己、瞭解未充分展現在意識當中的內心世界，的確是件非常有趣的事情。不過對某些人而言，這或許是比想像中更加痛苦、可怕的過程。我們可以用經常與佛洛伊德連結在一起的故事《伊底帕斯王》，來生動地描述這份痛苦。

佛洛伊德爲何關注伊底帕斯？

曾經，疫病在古希臘城邦國家之一的底比斯肆虐，導致許多人失去性命。於是，很久以前解開史芬克斯的謎題、拯救了這個城邦的英明國王，命令臣子尋求能拯救國家的神諭。神諭提到，殺害先王萊瑤斯的犯人仍在這座城市內，而先王所流的血讓整座城市受疫病侵襲。因此，國王下令展開搜查揪出這名犯人。

我們先從結論說起，事實上，下令尋找犯人的國王和犯人本人都是伊底帕斯，但為何他會既是犯人又是下令搜索者呢？

伊底帕斯，是由底比斯之王萊瑤斯與王后約卡斯塔生下的孩子，而伊底帕斯出生後，萊瑤斯便獲得了神諭。神諭中提到，這孩子長大成人之後將會弒父，並與其母親結婚。於是，萊瑤斯就將襁褓中的伊底帕斯交給牧羊人，命其把伊底帕斯帶到山裡去。牧羊人將伊底帕斯的雙腳捆綁起來，掛在背架上（伊底帕斯在希臘文中為「浮腫的腳」之意）帶到山裡去。然而，沒想到這孩子卻被柯林斯的使者拯救，成為柯林斯國王夫婦的養子。

伊底帕斯在不知情的情況下長大成人，而成年之後的伊底帕斯，得知自己將會殺害父親並與母親結婚的神諭，就在恐懼與絕望驅使之下離開了父母（實際上是養父母）。開始浪跡天涯的伊底帕斯，在一個三岔路口遇到了萊瑤斯王，雙方起衝突，之後伊底帕斯便殺死了萊瑤斯。之後，伊底帕斯在前往底比斯的路上，遇見殘忍的史芬克斯——只要行經的路人無法解開謎語，史芬克斯就會將其殺害。伊底帕斯擊敗了史芬克斯，並被擁戴成為底比斯之王，迎娶未亡人約卡斯塔，兩人生下了四個孩子。

那麼，究竟佛洛伊德為何會關注這個悖德的故事？他認為《伊底帕斯王》這個故事，反映了人類原始內心深處根深蒂固的某些心理要素。根據他的理論，對孩子（尤其是男孩子）來說，母親是他們第一個遇見的異性，所以孩子會渴求、執著於對母親的愛情，並嘗試取代父親的位置。然而，如果出手抵抗比自己更加優越的父親，孩子就會認為其代表男性象徵的陰莖將會被閹割，從而對父親產生既害怕又憎恨的情緒。如此一來，孩子心中經歷了矛盾衝突，最終會為了守護自己的男性象徵，進而放棄對母親的欲望，同時，把被認為是「攻擊者」的父親視為自己，藉此解決心中的恐懼與憎恨。而在這個過程中，烙印在孩子心理的父親形象就是「超我」；超我將會成為內心重要的一部分、對自我期許的標準，也會對紀律或良心等態度造成影響。

以上，就是著名的戀母情結（伊底帕斯情結）。當然，佛洛伊德以陰莖為主的解釋招致許多批評，但也有許多學者以此為基礎加入個人的觀點與解釋。無論如何，這個概念至今仍是理論與臨床上相當有效的重要觀念。

除了佛洛伊德強調的解釋之外，從精神分析的觀點來看，伊底帕斯王的故事也提供了許多值得思考的內容，其中之一就是「我是誰」。伊底帕斯是誰？他曾經是柯林斯的王子，現在則是底比斯的國王；他也是一名女性的丈夫，是四個孩子的父親，同時，他也背負著惡毒的詛咒，是使疫病降臨底比斯的罪魁禍首。

誠如前述，破壞底比斯的犯人和下令尋找該名犯人的全是同一人，也就是伊底帕斯自己，這是多麼諷刺的情況？他是聰穎且擁有一切的國王，卻不知道自己就是詛咒的對象。而這也是精神分析最核心的觀念之一：我是誰。

他的母親，同時也是他的妻子約卡斯塔悲痛地對伊底帕斯哭喊：「喔，不幸的人，希望你不會知道自己是誰！」

但伊底帕斯面對「我是誰」這個問題時，並沒有逃避或忽視。伊底帕斯說：「即便我的血統卑賤，我也決心要查明真相。」伊底帕斯決心要與自己的命運正面對抗。

值得安慰的是，伊底帕斯並沒有將自己面對的情況歸咎於他人。因為他是脆弱的人類，只能走上命運之神為他決定好的道路，但他也認為是自己選擇活出這樣的人生，因此必須要由自己負責，最後伊底帕斯親手戳瞎了自己。

在心門前躊躇猶豫的原因

為何許多人在進入內心深處的大門之前，都會躊躇不前？首先，只靠閱讀很難理解精神分析或諮商的意義與價值。在臨床上，比起學習，諮商更接近於一種體驗。就像運動或學樂器，雖然課本可以說明特定運動或操作樂器的方法，但我們無法透過那些書籍學會運動或樂器。而人們之所以會對精神分析式諮商感到猶豫，或許也是因為精神分析尚未在我們的文化中紮根。

但這就是全部的原因嗎？我認為還有其他重要的因素，影響了人們之於精神分析的態度。**人們對自己無法控制的潛意識都抱持著恐懼；心中的某個地方，有著自己所不知道的東西，還有什麼比這個更能令人感到恐懼嗎**？如果你無法立刻理解這句話，那麼可以想想看喝到爛醉、斷片，失去記憶的情況。

早上醒來，發現自己完全不記得前一天晚上的事情，肯定會讓你感到恐懼與害怕。而這樣的恐懼是源自於「不知道」自己產生過哪些想法、說了哪些話，或哪些行為脫離了自己的掌控。

許多人對精神分析或潛意識的感覺與態度，就和這種情況類似。進行精神分析式諮商的過程中，並不會有可怕到令人難以承受的真相出現。當然，個案經常會說「我很驚訝自己竟有這一面」，不過深入探索就會發現，其實每個人都早就隱約有感覺，只是平常沒有特別注意，或沒有特別關注而已。

許多個案在諮商過程中，總會說自己心中似乎有什麼可怕、丟臉的事情，而要擺脫自己的掌控，他們也害怕這將會破壞自己與周遭親友的關係。這時，好好了解個案真正害怕的是什麼、為什麼會害怕，就是諮商中非常重要的一個過程。

如前所述，我們的心（潛意識）會因為這樣的恐懼而創造藉口，並認為那個創造出來的藉口是最絕對、最不可反駁的。在精神分析中，我們把創造這種情況的內心機制稱為「防衛機制」。

二〇一二年韓國電影《初戀築夢一〇一》的主角瑞英，因為同學們在背後笑她「來自濟州島的補習班」而感到受傷，進而放棄繼續進修從小學到現在的鋼琴。因為他人的幾句話而放棄個人所學，顯示她生命的重心並不是自己。從下面這段內容，我們也能看出她並沒有做自己生命的主宰：

「我在主播考試時落榜，唉，還是去結婚吧！大概就這樣。」

雖然這一幕很短，但我們還是能推測出瑞英生命的軌跡，而讓瑞英如此命運多舛的罪魁禍首是誰？是在背後嘲笑她的同學嗎？還是雖然喜歡瑞英但不夠了解自己的心而無法告白的勝民？或者是沒能主宰自己的生命，總依靠他人視線而活的瑞英自己？也許瑞英自己會覺得，是學校同學或勝民毀了自己的人生，而這種「歸咎於他人」的防衛機制稱為「投射」（projection）。投射，不只是一種會不斷將責任歸咎於他人的態度，也會讓人完全沒有發現或拒絕發現，讓自己的人生如此不順的罪魁禍首，其實就是自己。

鼓起勇氣擺脫折磨「我」的我自己

我曾經有段時間在大學醫院工作；當時，讀完醫學院本科四年的學生要到隔離病房實習。他們每個人都被安排要跟著一位病患兩星期，訪問並參與該名病患的療程。其中一名學生負責的患者，是位剛考進大學的年輕女性。

她從小遭受父母親的嚴重虐待，國中被霸凌後也曾為了躲避加害者而轉學。進到大學之後，這名患者便正式開始受到憂鬱症與自殘問題所苦，是個相當令人心疼的個案。在所有醫師一起針對患者情況進行商討的時間，負責那名患者的四年級學生說：

「老師，那名女性受到父母的虐待，如果沒有任何問題不是很奇怪嗎？雖然她說現在沒有被虐待了，但那對父母似乎仍沒有努力同理女兒的心情。該接受治療的不是女兒，而是讓女兒變成這樣的父母，這樣才能解決問題吧？還有，霸凌者應該要來道歉，取得她的原諒，這名患者才能好轉吧？我實在不明白為何這名患者必須住院。」

那名學生非常真摯，對患者的父母與霸凌者感到憤怒，他已經完全站在患者的立場思考了。我回答：「沒錯，你說的話都對。那對父母看起來也有嚴重的問題，霸凌者們也是。腦袋正常的人，都不會成為霸凌別人的加害者。不過我們不知道對方能否被治療，即便父母開始治療，也不知道要花多少時間。如果要等到父母治療完了，再去找不知有沒有辦法連絡上的霸凌者，要求他下跪道歉，然後才能使患者康復的話，這名患者真的有機會康復嗎？當然，如果真的要完成這些步驟才能康復，也是無可奈何的，但這真的就是答案嗎？」

事實上，該名學生的提問，準確地點出了創傷受害者的難題：這名患者真的有康復的希望嗎？在精神分析上，找出患者在維持症狀或模式上所扮演的自我角色，是非常重要的一件事。例如：各位可以想想，為何每當患者產生想殺死父母或霸凌者的想法時，都會自殘、折磨自己？這位患者與學生都沒對此提出疑問，因為，他們心裡將這一切歸咎於過去與外部的加害者所致，卻排除了為何該名患者（個案本身）未曾停止虐待自己的問題。而這樣的現象，與從幼年時期就遭受虐待的被害者，並把加害者角色內化成為自己的過程有關。

在內化的過程中，她完全停留在過去且絲毫沒有向前邁進，也就是沒有進行哀悼

的過程，才會導致現在的結果。由此可見，除了父母與霸凌者的角色之外，還必須充分探索自己是以怎樣的心情持續虐待自己，才能進行對自己更加寬容、讓自己更加自由的哀悼過程。換言之，在很多情況下，哀悼過程的核心關鍵並不在創傷開始的原因，而在於自我內心。

如同前面提及的那名患者，許多被害者都會從某個時間點開始，用加害者的態度來對待自己。這時，內化的加害者已經在被害者心中成形。為此，在尋找患者自我角色的治療過程中，我們必須明確地把「批判被害者」和「將問題原因歸咎於被害者」這兩點區分開來。然而，要區分哪些是批評、哪些又是自我的角色，其實並不容易，而且過程也可能相當驚險。這也是為什麼在取得精神科主治醫師的執照或心理學碩博士學位後，到能充分發揮精神分析式諮商師功能之前，仍需要很多時間與努力。

了解自己的過程，尤其是了解自己的痛苦與逆境，在個人生命中扮演重要角色的這一點，對任何人來說都可能十分痛苦。準確來說，很多人都是因為害怕這個過程可能非常痛苦，而對此感到恐懼。而這樣的恐懼，或許就像伊底帕斯接到神諭，開始隱約感覺到自己將毀滅自己的恐懼一樣巨大，也說不定。所以了解自己的過程其實需要一定的勇氣，然而那樣的勇氣，最後也能使我們從折磨自我的眾多枷鎖與束縛中，獲得自由。

哀悼的意義

以悲傷爲代價獲得自由

二十多歲的女性D，難以與交往的男性建立親密且深刻的關係。雖然一開始對對方有好感、有感情，但只要對方的行為或言語有些微令她不滿，她就會立刻覺得對方不是合適的對象，並切斷與對方的關係；如果對方不順從自己的想法，她就會判斷對方對自己沒意思，然而，看見努力想對自己好的人，她反而會覺得和那個人交往沒有「價值」。

她會因為很小的事情，而對愛著自己的男性感到失望或劇烈的憤怒，或是因為覺得對方太過膚淺，而無法持續交往下去。她愛的男人要不是不愛她，不然就是有婦之夫。雖然她看似對對象有很多要求，但其實她根本不知道自己想要什麼、想跟什麼樣的人交往。

「這真的是我想要的嗎？」

這不只是D的故事，不知道自己想要什麼的人意外的多。E小時候也只顧著滿足父母需求，無法想像其他形式的人生。E的父母希望他成為醫生，為此E也不曾考慮過醫生以外的職業，但E很有美感且想像力非常豐富，也具備電腦方面的才能。直到進入醫學院上課、實習後他才後悔地想：「這真的是我想要的嗎？」最後他因為無法認真學業而不斷留級。成為醫生真的是E的理想嗎？還是是E心中的父母所要求的呢？進入大學後到開始徬徨之前，E都難以區分內心的聲音，究竟是屬於自己？還是父母？

「這真的是我想要的嗎？」這個問題，不僅是在進入醫學院後才開始徬徨的E所面臨的困境，更是我們每個人的煩惱。「我所想要的東西」這個疑問，會發展成很多不同的模樣：我能做到什麼、做不到什麼、現在我面臨什麼問題、這問題會以怎樣的形式，對現在的人生與內心帶來影響等，都是沒有人能輕易回答的問題。然而，正因為是屬於自己的問題，所以無法參考他人的答案，且無論如何深入挖掘都難以找到解答。因為就如同佛洛伊德所說，比起我們所能意識到的，那些意識不到的東西，會對我們造成更深遠的影響。

精神分析，可以說是針對上述這些問題，與諮商師一起對各自的人生與內心，進行一次壯闊「敘述（書寫）」的過程。在這個過程中，我們會更明確地認知到，真正主宰自我生命的人是「我」，心的重心應該擺在自己身上。不過，人真的有可能「真心」去了解一個人嗎？若有可能做到這點，那麼一個人又能了解另一個人到什麼程度呢？事實上，**精神分析的基本前提之一，就是人類對自我了解的部分，其實有如冰山一角般，十分有限**。

佛洛伊德認為，我們在看待自己的問題時，心理上會有很大一部分受到蒙蔽。根據他的說法，我們的防衛機制會隨著年紀增長逐漸發達，而這項防衛機制會把難以承受的問題丟到意識的彼端。但壓抑在意識彼端的那些問題，擁有會再度回歸的特性，就好比使力按壓氣球雖能把氣球往下壓，但為了維持氣球被壓住的狀態，我們必須持續消耗能量，而在這樣的過程中，人類會形成特定的性格類型，也可能引發各種症狀。

精神分析是諮商師與個案合力，共同探究並解決引發這些問題的根本原因；而透過此過程強化意識與潛意識的連結，是治療最重要的部分也是目標之一，因為多數的人都切斷了這樣的連結。雖然發現自己在人際關係上反覆遭遇類似問題，或有持續憂鬱、不安等各種身心症狀，卻仍不明白這些症狀究竟源自那裡；而這就是一種心理上的隔絕。

從這個層面來看，我們可以將精神分析視為具備連結這項特質的概念，這也能套用在夢境中。佛洛伊德的《夢的解析》（*Die Traumdeutung*，一八九九年）出版至今，雖已超過一百二十二年，但依然有許多人認為夢與清醒時的經驗、想法、感受等完全無關。在當年，那個對夢絲毫沒有任何科學基礎的狀態下，佛洛伊德僅靠觀察就提出自己對夢境的理論。雖然他的想法已有許多不再被採用，但考慮到其理論所具備的現在性，就會發現他其實是一位驚人的創新家。

佛洛伊德認為，白天的精神活動會與夜晚的夢境相互影響，前一天發生的事情或沒意識到的心理變化，都會成為夢的來源，而幼年時期經歷的事情也可能出現在夢中。佛洛伊德認為過去不僅與夢有所關聯，更與現在相互連結。個案過去經歷的任何事情都會留在心中的角落，影響著現在的性格、想法與行為。也就是說，人在面對心理投射的對象所表現出的態度、與這些對象的關係，都會受到過去的影響，而這些情境也會在諮商室裡發生。佛洛伊德將對心理投射對象的態度或與其建立的關係，同樣在諮商室裡上演的現象，命名為「轉移」（transference）；而這個概念，依然是現代精神分析學上相當重要的概念之一，它在諮商室中也是非常強力的治療工具。在精神分析中，「理解」與其說是諮商師「看穿」或「完整理解」個案的想法，實際上，更像是為了重新在意識與潛意識、過去與現在、諮商室外與內的關係之間建立足夠的連結所做出的努力。

對「我」的好奇心 vs「別人」的視線

對人類來說，最初的連結建立在自己與母親之間；出生到這個世界的瞬間臍帶被剪斷，我們從名為母親的世界被分離出來。人類擁有創造並守護屬於自己私人領域、保持獨立自主的需求，同時也渴望藉由與他人之間的關係，恢復最初的連結。而存在於這之間的緊張與震動，便是人生最基本的過程。

臍帶被剪斷之後，就能透過肌膚接觸、聲音、氣味、飲食等，體驗與母親這個人生最原始的典範之間的連結。這也是為什麼在生命中，除了溫暖、寒冷、飢餓等物理的感受之外，還會參雜許多心理因素的原因。當我們認為自己接觸或理解到一首好詩、一本好書、一件好的藝術作品並獲得感動的瞬間，就可說是該作品充分地使我們與內在特定元素的連結恢復到一定的程度。

在精神分析中，諮商者機械式地「分析」個案的心理，並試圖讓個案理解這一點，其實並不具備什麼意義，而且通常也沒有幫助。有時即使諮商者說的話是錯的，但只要個案與諮商者所說的話、態度、氣氛等部分產生意想不到的連結，那麼治療就可能有所進展。此外，「理解」也是重要的治療元素。當一個人真切地感受到有人為了理解自己、持續努力希望觸碰到自己內心深處的角落時，或許就能成為精神分析式諮商當中最為重要的關鍵，也說不定。

在《馬爾泰手記》（*The Notebooks of Malte Laurids Brigge*）中，德語詩人萊納・馬利亞・里爾克（Rainer Maria Rilke）曾說過這樣一句話：「我在學習如何觀看。雖不知道為什麼會這樣，但我所看見的一切，都深深地烙印在我的心中。」

現在，讓我們試著改寫一下里爾克的這段話。在修習精神分析的過程中，我得到最大的收穫，就是「抱持好奇心的方式」。這裡所說的好奇心，並不單純只是愛湊熱鬧的一時興起。可以試著想像一對剛交往的情侶，我們可以說他們對彼此的好奇與疑惑，是源自於對彼此深深的關心。養育新生兒的年輕父母也是，第一次養育孩子的父母對孩子的笑容、哭聲、那雙大眼之後有著什麼樣的想法、做了哪些夢，都極度好奇。除此之外，許多熱愛寵物的人，都會好奇小狗歪頭的表情究竟代表什麼意思；而成長中的孩子，內心也對這個世界充滿好奇。

然而，我們從某一刻起，開始不再對自己感到好奇，甚至遺忘該如何感到好奇。

這樣的遺忘之所以活躍地運作著，是因為從某一刻起，我們內心的防衛機制開始運作，進而使我們無法擁有好奇心。為什麼會這樣呢？是我們心中過度的不安、恐懼與羞恥等令人不適的情緒，動員了這些防衛機制。也因此精神分析的過程，有很大一部分源自於諮商者基於這類好奇心所提出的疑問。當諮商開始逐漸步上軌道後，個案便會開始對自己的想法、感受、行為模式提問並回答。

話雖如此，我並不認為人類的好奇心消失了，反而覺得多數的人是沒有學會「如何擁有好奇心」，甚至可說是遺忘了如何擁有好奇心。首先，我們會從親子關係之中學會該如何擁有好奇心，尤其在認知尚未發展成熟的幼年時期，與父母的關係會對我們造成絕對的影響。但不幸的是，許多父母並不了解小孩。只要孩子早早懂事、不讓人擔心、沒有什麼意外地平安長大，很多父母就會認為孩子順利長大，但除此之外，他們完全不知道要對孩子抱持怎樣的好奇心、如何對孩子表達好奇，以及要好奇孩子的什麼事情。

我們並不能將這種現象全歸咎於父母，因為父母也是受到許多制約與限制，活在不完美現實中的「普通人類」。假設今天你四十多歲，家裡有個十多歲的小孩，你可以試著將你十多歲時所認為的父母形象，與現在的自己做個比較，如此一來便能很快了解到，當時的父母同樣是個有許多地方仍不成熟的普通人；同時也會發現，對十多歲的青少年來說，父母在他們心中所代表的意義比實際上重要許多。

換言之，使我們遺忘對自己保持好奇心的罪魁禍首，通常都是我們自己。例如：你可以想想看，我們身邊常見的過度在意「他人視線」的人，也很有可能就是你自己。許多人無論做多麼小的一個舉動都會在意他人的觀點，甚至很有可能根本是為了別人而做。一旦對自己不再好奇，即便有機會探索自己，我們也很可能就這麼錯失這個機會；一旦失去好奇心，即使到諮商所尋求協助，也只會讓類似的事情一再重演。

在精神分析的諮商中，不會每次都決定要討論什麼主題。進到諮商室坐在椅子上或躺在沙發上時，若產生任何想法，我們應該不要多想，就跟著諮商師一起順著心中的想法或情緒走下去，並了解這些想法是以怎樣的形式，對現在面臨的困難造成影響。面對沉默也一樣。我們經常認為沉默沒有任何意義，於是無法忍受沉默，並為了填補沉默所製造的空白，隨口說出、做出毫無意義的話語或舉動。不過沉默其實很有可能比一百句話更有意義、更重要。若沉默一再出現，那麼了解沉默出現的原因，就會為我們帶來相當重要的收穫。

我經常問個案，若沉默一再持續，他們會有什麼感受，他們通常會這樣回答：「要先跟父母道歉。因為父母付了這筆諮商的費用，但如果我在這裡保持沉默的時間太長，會讓那筆錢無法發揮該有的價值。當然，理性上知道諮商是完全屬於我的時間，但心裡還是會覺得放開來說自己想說的話，會讓自己很有罪惡感。」沒錯，在諮商室裡的時間，是完全屬於個案的時間，是專屬於個案一個人的時間。只是很多個案都認為，諮商時間是屬於諮商師或父母的，而這種思考模式會自動且反射性地啟動。不僅如此，人們甚至不覺得有必要對自己的想法、態度或情緒竟如此矛盾這一點，提出質疑。

在我看來，當個案「意識到」過去認為理所當然、認為不需要提出質疑的想法或情緒，實際上一點也不理所當然時，就是精神分析的開始。例如：當詢問對方沉默為何令人不適時，對方能回答：「對啊，這段時間是屬於我的，但為什麼在這裡只要不說話就會讓我感到不自在呢？」就是最佳的例子。

那些在人際關係中擔心自己犯下任何錯誤，每晚都在腦裡編寫長篇小說的人，如果能開始對自己感到好奇，他們就會漸漸覺得「仔細想想很奇怪，對方可能當時也在忙別的事，也可能他的喜好就是跟我不一樣。即使對方對我沒好感，也不影響我把精力都投注在這件事情上啊。」

雖然在結束精神分析式諮商時必須考慮很多事，不過我認為像這樣開始對自己感到好奇，甚至是在沒有諮商師的協助下也可以自問自答的態度，就是判斷能否結束諮商的重要標準之一。

精神分析的終點

如果問我精神分析的最終目標是什麼，我會很肯定地回答「真正的自由」，而這樣的自由，與我一直以來所說的每個層面都有著緊密的關聯。造成我們無法自由的枷鎖與束縛，大多存在於我們心中。我們會因為成長過程中經歷的創傷、使人手足無措的環境而感到痛苦，不過讓我們深陷在痛苦中無法自拔的人，其實就是我們自己。有些情況無法只用單一原因解釋，但無論是在親子關係中受到的創傷太深，還是另一半讓自己痛苦萬分，在最關鍵的階段困住我們的，仍然是我們自己：我是我的獄卒，我是我的囚徒。

或許人類的生命大半是痛苦的。我在一個非我所選擇的世界裡，遇見非我所選擇的父母，以非我所選擇的方式與條件開始我的人生，而在這樣的世界裡，究竟該如何找到「自由」？所謂的自由又是什麼？想生氣的時候就能任意發洩、任意妄為，這是一種自由嗎？在我看來「接納」最接近我所認為的自由。所謂的接納，並不只是單方面接受外界的制約或條件，更重要的是接受自己。沒有人是完美的，我們都心知肚明，至少理性上明白，但許多人仍無法接受原本的自我，甚至像個債主一樣，不停向自己追討著什麼似的。「我還差得遠」、「為什麼只有你這麼特別？」這些債主絲毫不會滿足，他們只會無止盡地提出要求；而許多人沒能意識到這些債主，其實就是自己內在的想法之一。有時若不依照債主的意思行動或思考，就會感覺自己好像受到外界批評。

這些債主的要求有如「破了底的水缸」，有些人會不斷賺錢填補那個洞，有些人則會為了外在的社會成就而失去許多事物，這樣的他們完全不明白何謂「失去自我」。當然，這樣的行為並非不必要或是不好的，只是反客為主並持續這樣的病態平衡，肯定會面臨至少一次的崩潰時刻。

因此，「接納」並非無條件接受一切，而是更接近於接受自己原本的狀態。接納自我這件事，意味著更冷靜地看待自己，是清楚區分「我做得到的」與「做不到的」、「能改變的」與「不能改變的」、「該做的」與「不該做的」，並配合這樣的標準，更積極堅持自己的生活態度。

話雖如此，自由的問題，與我們對個人與環境的關係所產生的疑問也有關。許多創傷會代代相傳；虐待我、令我痛苦的父母或其他加害者，實際上多半也曾經是創傷的受害者。我們受生活環境的影響，其實比我們想像中的更為巨大且難以掌控。時間越久，人類就越會以某種方式將這些創傷內化，而這樣的內化是透過防衛機制進行的。最常見的例子，就是從小挨打的孩子，長大之後也會成為打小孩的父母。同樣地，未能從父母那裡獲得充分的支持與同理心，成長過程中接收到的訊息大多是「你不夠好」的孩子，長大之後就會持續認為自己不夠好。也就是說，在對被動承受的創傷、發生的事件或自己沒有正確認識的狀態下，主動表現出想要克服這一切的想法，反而會落入重複這些病態行為的迴圈之中。

或許，認知到是自己與自己內在的問題或不幸是同步的，並將其重現的可笑現實，是件令人有如椎心刺骨般痛苦的事，但解決問題的鑰匙不在外界，而在我們心中，所以這也可能成為改變生命的一線希望。雖然我們很難同時改變世界與改變自己，但我想不必特別說明改變誰比較容易，大家也能輕鬆得出答案。

我們所生活的世界並不完整。世界之所以不完整，是因為構成這個世界的我們並不完整，我的父母不完整，父母的父母也不完整。我們都擁有無數的缺點，是在生命中經歷許多錯誤的存在。**接受這個不完整的過程，有時是一件相當悲傷的事情，因為這代表著我們必須與最初的理想期待和欲望道別。不過我相信，我們能以這樣的悲傷為代價，多少獲得真正自由的滿足感。**

我在紐約學習精神分析時，曾聽到一句讓我至今仍印象深刻的話。一天，一位邁入初老階段的白人男性告訴我說：「暫時停下腳步，聞聞玫瑰的香味吧！」（Stop, and smell the roses.）其實「玫瑰」到處都有，只是有許多原因使我們錯過且無法聞到它的香味。哀悼雖然是為了自己而進行的過程，但卻並非總是愉快和輕鬆的，只是若能為了受傷的自己而走上哀悼之路，便能在不知不覺間達到滴水穿石的效果，讓心變得輕盈許多，進而看見生命中盛開的玫瑰，這一刻正是一種救贖。這種並不偉大，僅只是日常生活中平凡的救贖時刻，其實一直就在我們身邊。

人生在世，總會不斷經歷失去，我們必須經常為其哀悼，我們要面對這輩子未曾經歷過的，與他人之間的連結、留戀、內心的恐懼與不安，逐一解決問題並慢慢發現活下去的理由。因此，即便生命並不總是完美，至少我們能在某個時刻，發現活著比死去更加值得的原因；若那一刻不能稱為救贖，那應該稱為什麼呢？

英國精神分析學家唐納德．溫尼科特（Donald Winnicott）曾說：「沒有完美的父母，只有夠好的父母」（Good enough mothering），我們的人生也是如此。

專欄 ❶

擺脫烙印在身體上的記憶

「被紙割傷的女子『啊』地叫出了聲。

『妳流血了。試試看這樣，把手抬得比心臟高。』

男子高舉並揮著手對女子說，女子則模仿他的動作。血很快地止住，兩人也很快相戀，但沒過多久女子便離開了男子。在徹底將男子遺忘、過著平凡生活的某一天，女子再次在辦公室裡被紙劃傷了手指。瞬間，她把自己的手高舉過頭；這時，她對該名男子的記憶突然湧現，於是女子再次回頭去找他。」

這是二〇〇一年韓國電影《春逝》的劇情，有趣的地方，在於女主角恩秀回憶起男主角尚優的過程。恩秀並不是先想起尚優，然後才想起尚優與手指被紙張劃傷的那段往事，而是在手指被紙張劃傷之後，反射性地做出尚優告訴自己的處理方式，才回想起與尚優有關的事。我們經常能在電影或文學作品中，看見這一類烙印在身體上的記憶。法國意識流作家馬爾塞．普魯斯特（Marcel Proust）的小說《追憶似水年華》（À *la recherche du temps perdu*）當中登場的瑪德蓮蛋糕，就是烙印在身體上的記憶，也就是「內隱記憶」（implicit memory）的經典範例。

已將男子徹底遺忘的女子，在手受傷的瞬間想起某一段回憶、咬下一口瑪德蓮蛋糕的瞬間，始終模糊的記憶便瞬間在眼前開展的光景，這些時刻都將成為生命的奧祕。若不是「奧祕」，那麼該用什麼樣的詞彙來形容這種時刻呢？

事實上，**「失去」與「創傷」就是透過這樣的內隱記憶，深深地烙印在身心之中**；一旦記憶烙印在身心之中，便無法自由移動。因此，安慰一個人不要再執著於過去，對當事人來說便可能是一種暴力。人人都想遺忘讓自己痛苦的事、想不在意地將其甩開，但這絕非易事。哀悼的過程之所以如此困難，也正是與內隱記憶的這項特性有關。

為何牛牽到北京還是牛？

科學對人類記憶的重大研究，可以追溯到一九五〇年代。一九二六年出生在美國康乃狄克州的H.M.（在與記憶有關的神經學研究歷史中，他以H.M.這個縮寫聞名，本名叫做亨利．莫萊森〔Henry Molaison〕），他從小就罹患癲癇（羊癲瘋），且病情日漸嚴重，到了約二十七歲左右，他已經沒有任何行為能力。雖然施以大量藥物，但他的病情仍不斷加劇，醫師們認為折磨他的癲癇是肇因於大腦兩側的側顳葉，於是H.M.就在史考維爾這名外科醫師的主導之下，於一九五三年接受切除大腦左右側顳葉的手術。沒想到手術之後，H.M.的記憶發生了悲劇性的改變。

布倫達・米爾納（Brenda Milner）這名加拿大神經心理學家，針對H.M.的記憶功能展開系統性且深入的研究。根據她的說法，H.M.從此再也無法學習新知；更準確地說，是他雖然能利用短期記憶（通常是數十秒至數分鐘）記住新事情或知識，但在記憶儲存之後，於未來重新呼喚出來使用的長期記憶功能卻完全受損。H.M.失去的記憶型態，就是所謂的「外顯記憶」（explicit memory）。

外顯記憶是與午餐吃了什麼、我孩子的生日是什麼時候、大學入學考試那天發生什麼事情等有關的記憶。H.M.手術前的長期記憶都還完整保留著，受損的是負責學習新知的長期記憶。事實上，米爾納博士花費將近三十年的時間，每個月至少跟H.M.見面一次，但H.M.卻始終認不得米爾納博士。他就連鏡中的自己都認不出來，因為手術之後自己逐漸老去的模樣，無法留存在他的記憶當中，他只記得自己手術前的模樣，之後每次照鏡子時看到的都是陌生人。

事實上，我們也能在阿茲海默症患者身上發現這樣的記憶模式。阿茲海默患者在學習、記憶新知上面臨障礙，但即使疾病進展到一定的程度，其過往記憶受到的影響仍相對較小。阿茲海默症患者的家屬常問：「我媽現在還清楚記得三、五十年前發生的事，這樣也是失智嗎？」

H.M. 也清楚記得小時候經歷的事。在和 H.M. 有關的研究之後，人們開始了解到與學習、記憶新知有密切關聯的大腦部位，是左右兩側的側顳葉，尤其與其中的海馬迴（因為形狀與海洋生物海馬十分相似，故取名為海馬迴）息息相關。

即便與學習相關的長期記憶功能受損，H.M. 的智商（IQ）並沒有改變。這個研究持續進行到一九六二年時，米爾納博士又再度發表另一項與記憶有關的重大研究。米爾納博士用鏡子照出一個星星形狀的物品，要求 H.M. 依照鏡中物品的輪廓將物品畫出來。起初他畫得歪七扭八，但每天重複這個行為之後，雖然 H.M. 不記得自己前一天做了什麼，但繪製星星的技巧卻一天比一天更好，顯示他這一類型的記憶能維持下去。前面提及的外顯記憶是一種有意識的記憶，而繪製星星這種記憶則屬於下意識且自動的行為。這種與外顯記憶截然不同的記憶型態，稱之為「內隱記憶」。

內隱記憶是烙印在身體上的記憶，就像前面舉過的例子，手受傷的恩秀下意識做出的行為、普魯斯特與瑪德蓮蛋糕有關的記憶，都是一種內隱記憶。如果問一個年幼時曾學過腳踏車的人，當初是為什麼、向誰學騎腳踏車、學習時的狀況如何、花了多久時間才學會等資訊，他們肯定都想不起來。但即使超過十年沒騎腳踏車，人們仍不會忘記騎腳踏車的方法，因為這是烙印在身體上的內隱記憶。同時，身體學會的內隱記憶其威力十分強大，假設現在你刻意想從自行車上摔下來，你的身體會反射性地平衡重心。換言之，內隱記憶難以輕易改變，而學小提琴等樂器、學游泳或網球等運動的過程，也與內隱記憶有著密切的關聯。此外，與「故鄉的滋味」或「媽媽的手藝」等情緒感受有著深刻關聯的感受記憶，同樣也屬於內隱記憶。

讓自己越過障礙的另一種訓練

無論是在心理學還是精神分析領域，內隱記憶都十分重要。原因在於不光是人的心或情緒，**人際關係中反覆的相處模式、面對他人時下意識擺出的態度等，都與內隱記憶有深刻的關聯**。金英夏的《說》（直譯，말하다）當中，便有以作者個人狀況為依據所做的相關描述。

金英夏提到，雖然現在的感覺已經不如二十多歲時強烈，但自己只要看到任何一位類似父親角色的人訓誡他人，例如：看到正在處罰孩子的老師，他心底都會升起一股怒火，並產生想要反抗的心態。

雖然不清楚他的情況，不過我們可以從這段敘述中得知，父親的存在與權威深深牽動金英夏作家的情緒，而這種「根深蒂固」的記憶是內隱記憶的另一個面貌。內隱記憶具備「無時間限制」的特性，只要經由特定的契機觸動內隱記憶，當事人心中過去的記憶就會瞬間成為此時此刻的經歷。

Ｆ年約三十多歲，是一位從事專門職業的男性。他與父親從事相同領域的工作，且父親在該領域十分出名。Ｆ之所以子承父業，有很大一部分的原因是出自父親的期待。從小Ｆ就渴望獲得父親的認同，但他的願望從來不曾獲得滿足。考試若得到九十九分，就會因為差一分滿分而被責罵。雖然他拼命努力讓自己能成為專家，進入父親理想的領域就職，但他卻從來不曾在工作上獲得滿足。

而Ｆ來之所以來諮商是因頻繁酗酒與隨之而來的後遺症。他一旦開始喝酒，就得喝到斷片才肯善罷甘休，喝醉後會開始惹事生非，回到家後還會破壞家具，但酒醒後卻會將這一切忘得一乾二淨。這些事情一再發生，令他感到十分不安，於是他選擇諮商。

從第一次諮商開始，Ｆ就表現得非常謙遜，甚至謙遜到有些令人不適的程度。不過當我們建立起一定的親密感之後，我便經常能在年過三十的他身上看見孩子氣的一面。每當發生這種情況時，Ｆ都會說可能是因為他把我當成了爸爸。有時他會問起掛在牆上的畫作、放在書架上的書，但隨即又會覺得提出這些疑問的自己很沒用。問他為什麼這麼想，他回答說因為覺得問這些不重要的事會浪費諮商師「寶貴的時間」，我可能會因此對他感到失望。他說自己會有這樣的想法，是因為害怕我會認為這些「沒用的問題」很煩，怕我會覺得何必問「這種問題」。他心中存在著兩種矛盾的情緒，一是對諮商師的好奇，一是對批評的恐懼，這是一種「矛盾心理」。

他會針對我的經歷和著作侃侃而談，但對我產生任何不悅的情緒時，卻會猶豫要不要開口。雖然諮商並沒有規定談話內容一定要和諮商主題有關，不過在精神分析式諮商中，腦海中浮現的任何事情都應該不假思索、不經判斷地立刻說出來。即便只是一件小事，但只要個案跟諮商師一起探究，反而有可能發現這件事象徵著極為重大的意義。

不過諮商過程中，也經常發生相反的情況。也就是個案長期以來一直認為某個問題很重要，但在諮商室裡分享談話、深入了解其意義的過程中，卻發現那個問題並不如當初所感覺的那般重要。面對諮商師時也一樣，無論情緒是正面或負面，說出對諮商師的感受，並且探究該感受從何而來的過程，在精神分析式諮商當中都是相當重要的事情。

F無法用言語表達對諮商師的負面情緒（憤怒、煩躁），同時也對自己心中產生這種情緒感到害怕。在探索這樣的心理狀態時，他說自己有兩個想法：

「當然，理性上知道醫生絕對不是這種人，但奇怪的是心裡卻一直覺得醫生可能會罵我、會中止治療。」

「我也知道這個想法很奇怪，總之，我對於自己心裡有著某些東西，只要我無法好好控制、管理就會發生不好的事這點感到不安，從很久以前開始就一直是這樣。」

在精神分析中，這樣的現象稱為「轉移」。人類的生命，尤其是幼年時期在情緒或人際關係上，與重要對象（主要是父母）之間有過的經歷，會重複發生在與諮商師或他人之間。根據F的說法，他害怕被父親處罰，同時內心也存在著對父親無法控制的憤怒與攻擊欲望，而他在與諮商師相處時重現了這個狀況；這樣的轉移現象也是一種內隱記憶。若要粗略分類，那麼精神分析式諮商大致能用兩種方式為患者帶來治療效果。

F心中有著想獲得父親認同的欲望，但也有對父親的極度憤怒與攻擊欲望。他的潛意識消耗許多精力以控制這兩種矛盾情緒，使他無從享受人生。而精神分析式諮商所能用的第一種療法，是幫助患者了解自己面對他人的態度或情緒，其實與父親之間的關係有著相當程度的連結。換句話說，就是透過「了解」達到療效。

而另一個方式則是在與諮商師的關係之中，漸漸改變既有的內隱記憶。諮商初期看起來過度生硬、彬彬有禮，遵守許多非必要禮節的F，在和父親之外的其他年長男性建立關係之後，逐漸形成信賴感並放鬆下來。後來在諮商中若有任何不滿，他也都能用言語表達，甚至還會主動開玩笑。在諮商室裡的態度有了轉變，其現實生活中面對他人時也會變得更加從容。後者的改變是由於烙印在潛意識與身體上，擁有高度權限的內隱記憶慢慢改變所致。這兩種改變方式會相互配合、影響，無法明確區分。

透過精神分析式諮商的治療和改變，是相當緩慢且耗時的過程，而「忘記過去、甩開一切」這種口頭上的安慰並非解決之道。與此相對，必須在諮商室、在日常生活中不斷練習，才能改變內隱記憶，同時，只靠幾個星期或幾個月的諮商，不太可能從根本上改變這些行為模式。原因在於若想改變像F這種根深蒂固、潛藏在潛意識與身體中已久的內隱記憶，實在需要相當程度的時間。

改變與內隱記憶有關的行為模式，將過去的包袱留在過去，在新的包袱裡裝入新行為模式的過程就是「哀悼」。如果說足球選手希望自己在正式比賽中，只要遇到進攻機會身體就會自動反應把球踢入球門，那就需要重複練習相同的動作上千次、上萬次，同理，我們也必須像這樣慢慢且持續地學習不同的生活模式。牛牽到北京還是牛，這句話說的不只是「習慣」而已。雖然習慣一旦養成就不容易改變，不過只要我們慢慢了解內心深處的想法與情緒，就沒有什麼事情是不可能改變的。

第二章

充分憤怒，再徹底悲傷

雖然有程度上的差異，不過許多人在改變過程中會面臨焦慮；
而這都有各自的道理。
即便任誰來看都會感到不自在、感到痛苦，
但因為太過熟悉這一切，所以反而會感到安穩。
雖然理性上知道改變肯定會比現在更好，
但心裡卻仍有一部分對新事物帶來的陌生感到恐懼。
我們所有人，都在這兩種狀態之間，不斷擺盪。

能擊垮情緒堤防的事情

佛洛伊德認為潛意識最大的特徵，就是「超越時間」（timelessness）。例如：經歷某起事件後過了二十年，雖然對該事件的記憶大多都已消失，但仍保留了與某些對象相關的情緒。

曾經有一位過去遭受婆家不當對待，現年七十多歲的老奶奶前來諮商。雖然已經沒有婆家的人會欺負她了，但奶奶依舊不時會變回五十年前那個飽受委屈的媳婦，想起當時的情緒，氣憤難平且傷心落淚。五十年來，她心中的時間、內在的時間完全沒有前進。事實上，並不是只有遭遇委屈時間才會停滯，很多人會提起「未能實現的初戀」、許多與初戀相關的文學作品或電影，也都是相同的脈絡。

二〇一三年迪士尼動畫電影《冰雪奇緣》，就將這種有如經過標本剝製處理的內心問題，呈現得非常好。故事中，姐姐艾莎天生擁有能凍結一切的魔法，但她不知該如何控制。年幼的艾莎曾失手傷了妹妹安娜，使得她對於這股力量驚嚇不已，再加上父母沒能好好理解她，導致艾莎把自己放逐到冰雪王國之中。

從精神分析的角度來看這個故事，我有幾個心得：其一是孩子們對於成長過程中發展出的攻擊性或性衝動，會感到害怕，而這樣的恐懼尤其會在青春期達到巔峰。許多青春期的孩子之所以與家人保持距離，原因之一就與恐懼有關。另一點，則是父母面對孩子的攻擊性與性衝動所展現的態度，以及該態度對孩子所造成的影響。如果父母過度不知變通、過度偏頗，孩子自然就會對成長過程中面臨到的所有情緒，抱持負面認知。

艾莎嘗試以將自己隔離在冰雪王國內，解決對內在衝動的恐懼及父母造成的傷害。不過這種方式無法根除問題，也使得艾莎無法跨出治癒的第一步，從而一直過著冰封內心的生活。

「這麼多的憤怒到底都藏在哪裡？」

A是一位三十多歲，事業有成的女性。年幼時的她是模範生，無論在家中或學校都非常認真，也不曾像其他人一樣經歷叛逆期。她在公司是出名的工作狂，在男性員工眾多的公司，她把加班當成家常便飯，聚餐時也經常與同事一起喝酒到凌晨。即使前一天喝酒到凌晨，隔天只要一到早上七點，她依然準時起床且化好完美的妝，穿上整齊的套裝到公司上班。她如此踏實勤奮，自然有很出色的工作成果，同期當中就屬她升遷速度最快。同時，她任職於公司最重要的部門，也因此順利地從次長、部長晉升到高級主管，仕途平步青雲。

不過，有一天，她突然罹患重度憂鬱症。憂鬱症使她變得無力，連動一根手指頭的力氣都沒有。這一切來得莫名其妙，找不到任何外在因素，就連她自己也不知道自己憂鬱的原因。她說：「小時候我爸媽的關係不好，他們經常爭執。不過那都是以前的事了，我上高中之後雖然不能說他們變得如膠似漆，但的確不再像以前那樣爭執。跟其他人相比，我家的狀況也不算特別差，他們倆人現在都過得很好。不過我的憂鬱症跟這有關嗎？老實說我實在想不通。」

諮商過程中，積存在她心中的情緒團塊開始一一浮現。雖然家庭環境十分富裕，但父母的個性都相當偏激，家裡沒有一天寧靜的日子，父母每隔幾天就會大吵一次，兩人一吵架就會摔碗盤或破壞家電產品；我們可以輕易想像夾在父親的大呼小叫、母親的悲鳴與年幼妹妹哭聲之間不知所措、焦慮害怕的Ａ，同時也能感受到Ａ對父母的極度憤怒。

諮商初期，開始清楚感受到年幼時緊緊壓抑的憤怒時，她感到相當困惑。當她了解到感受、正視那份情緒也很「安全」的時候，她又說：「這麼多的憤怒到底都藏在哪裡？我心中有這麼多東西，但我卻一直都沒感覺到，這真的讓我覺得很神奇。」

與心中的「木乃伊」一起活下去

Ｂ是一位成功的事業家，他們夫妻感情非常好。當然，年輕時血氣方剛的他，也經常與同年紀的太太有許多爭執。由於經營事業需要建立人脈，他時常需要喝酒應酬在外打拼，為此Ｂ從來不曾動手做過家事，甚至就連搬家那天，他都在外面跟往來的廠商喝酒喝到凌晨，完全不知道自己的家到底搬到哪裡，只好凌晨打電話給太太詢問該怎麼回家。這段期間，子女順利平安地長大，如今三十歲的兒子即將成家，女兒則在美國知名大學攻讀研究所。這一切，都是因為有太太在背後奉獻照顧。

子女離家後，家中變得相當冷清。雖然Ｂ的公司逐漸壯大，成為一間頗有來頭的企業，但他內心卻感到十分空虛，這時他才開始注意到自己的太太。他開始對太太表達感謝之情，也會跟太太一起去旅行，彌補從前太忙碌而沒能出遊的遺憾。B彷彿開始過起一段不同於以往的人生，這與年輕時享受的熱鬧和樂趣不同，是另一種「活得更像人的滋味」，他實在不明白過去的自己為何不懂享受這樣的樂趣。

然而，就在享受新的人生樂趣滿一年後的某一天，他的太太突然說肩膀很痛。本以為應該不是什麼大問題，就先到社區醫院去看診，沒想到醫生竟要他們盡快去大醫院。最後太太到大學醫院就診，被診斷出得了乳癌末期，而且癌細胞已經轉移到骨頭，才會致使太太感到肩膀疼痛。雖然急忙展開療程，但三個月後太太便離開人世。

B難以接受現實。雖然理性上知道事情是如何發展成這樣的，但感性上仍覺得一切都很不真實。回到家打開家門或房門時，都感覺太太應該在家迎接。他直到太太過世約五年之後，才選擇接受精神分析式諮商。即便開始接受諮商，他仍不曾丟棄或整理太太的遺物。家中的一切，都還維持太太在世時的原樣，太太的衣服、手提包、鞋子、讀過的書都原封不動地保留。若有不了解箇中原因的人造訪他家，甚至會以為他太太只是暫時外出。太太離世後，B身上出現的改變之一就是自言自語，說話的對象是他的太太。根據他兒子的說法，父親明知道母親已在五年前去世，但卻會像母親仍在世一樣獨自展開一段對話。

這個情況並沒有讓B太困擾，行為舉止也看不出憂鬱症的傾向，認知功能與對現實的判斷能力也絲毫沒有衰退。雖然有自言自語的問題，但不曾有過幻聽。他只是想著「太太在這時候會說什麼話呢」，並一邊自言自語而已。而他之所以來求診，也是因為子女對現況感到擔憂而帶他前來。B清楚知道子女為什麼擔心自己，但他的公司也沒有受到他的狀況影響，運作得非常順利。他雖然不如以往那麼活躍，但仍能正常進行社交活動。

從臨床的觀點來看，我們很難為B的狀況進行分類。不過我們可以發現，他內在的時鐘完全停滯，從五年前的那一刻起就再沒有往前進任何一秒。死去的太太以精神「木乃伊」的狀態，在他心中與他一起生活。雖然建議他接受諮商治療，但他本人並不覺得需要接受諮商。我能讀出他心中深沉的悲痛，同時也感覺到他對諮商感到不安。

而之所以與他進行諮商，就是要讓他心中的時鐘重新開始轉動，換句話說，就是必須把他心中的妻子送走。從這個角度來看，展開深度的心理諮商對他而言其實具有極高的風險。所以我們在經過兩、三次簡單的諮商之後，就結束了這段緣分。

我偶爾會想起B，他內心痛苦與悲傷的程度究竟有多深？要有多麼痛苦，才會完全不整理死者的遺物，讓死者化作精神上的木乃伊，永遠陪伴在自己身邊？即便是以了解人心做為職志的我，這輩子也不可能看透人類心中的深淵。

爲壞掉的時鐘轉緊發條

第一章有提到的韓國電影《初戀築夢一〇一》，當中有一段是大學時期的男女主角相遇不久，就一起進入一間廢棄的韓屋，這時瑞英為壞掉的時鐘轉緊了發條。這個畫面乍看之下沒有任何意義，只是瞬間閃過的場景，但對我來說卻非同小可。我想這個畫面或許說明了導演對人心，尤其是對潛意識的觀察有多麼的細膩。

在《初戀築夢一〇一》中，男女主角因年輕不懂事而互相傷害彼此的心，多年過去了，他們仍保留了這些傷，並讓這些傷痕在心裡扎根。而壞掉的時鐘其實象徵兩人的心也像停滯的時鐘一樣，絲毫沒有前進。而電影之所以會以十五年後，變得較為成熟的女主角回到荒廢濟州島老家為開場，也絕非偶然。

為心中停滯的時鐘上緊發條，讓指針能再次轉動，其實就是哀悼。尤其為了讓冰封的心得以喘息，我們必須認識烙印在心中的情緒究竟為何。

A不面對幼年時期的憤怒與焦慮，若無其事地生活著，最後變得對任何事都沒有感覺。以她的情況來看，她的哀悼過程要從感受在沒有人傾聽自己、沒有人想了解自己時所產生的眾多情緒，也就是從去經歷憤怒、無力、自責、羞恥等情緒開始。

B也是一樣。他心中埋藏著許多與妻子有關的複雜、綜合、視情況而相互牽連的情緒，而他顯然沒有充分安撫、處理這些情緒。因此與諮商師一起了解究竟是「心中的什麼東西」令他們無法充分感受這些情緒，以及為何接納這些情緒如此困難，就是哀悼過程中最重要的第一步。

矛盾心理

以爲是愛而「吞」下的一切

二〇〇一年日本動畫電影《神隱少女》中有個名叫「無臉男」的妖怪，牠會將遇見的所有事物吃掉並逐漸變大。登場初期，我們無從得知他想要什麼、有什麼想法。起初他無法為人們所接納，後來因製造並揮灑砂金，讓人們開始對他鞠躬哈腰、獻上食物，頓時無臉男成了眾人崇拜的對象。

渴望獲得砂金的人們獻上食物，無臉男會張開面具底下的血盆大口將食物吞噬。雖然身體逐漸肥大，卻無法填補他心靈的空虛。第一個跟他搭話的人是小千，無臉男渴望獲得小千的心，但小千卻對他的砂金毫無興趣。

「要給妳食物嗎？還是要黃金？妳想要什麼？我決定只把黃金送給妳。」

小千什麼都不要，於是無臉男再度遭遇挫折。之後無臉男說出了自己心中的饑渴源頭：「好孤單。」

在這部動畫中，我們無從得知無臉男究竟是什麼，只能看見牠的黑色披風下有著手和腳。無臉男為了緩解自己的空虛，開始將當初吞下的人原封不動地吐出來。

無臉男究竟想要什麼呢？

食物、愛與自我意象的關係

對人類來說，「擁有食物」代表很多意義。試著回想一下電影《春逝》的劇情，當劇中人問「要吃個泡麵再走嗎？」的時候，泡麵就成了引誘的詞彙。但之後「煮個泡麵吧！」卻帶著一種輕蔑感，讓對方知道他在我們心裡不再特別，也宣告浪漫熱情的愛意，在日復一日的生活中逐漸冷卻。「你把我當泡麵嗎？」是預期愛情將逝去的劇中人，用於表達焦慮、受踐踏的自尊以及隨之而來的羞恥的方式，「泡麵（速食）」象徵著兩人不完整且不成熟的關係。由此可見，飲食並不只是各種營養素的化學合成品，更具備其他的象徵意義，代表著人心、感情與關係。

食物與愛，乃至自我意象有很深的關聯。許多厭食症患者，都有渴望透過外表獲得愛與關注的傾向。這些患者記得自己幼年時期，沒有從依附對象身上獲得充分的愛，所以他們會想盡辦法獲得當時未能得到的愛與認同。如果無法確定自己可以獲得認同，他們就會感覺自己的存在變得不明確，最後彷彿失去自我一般，隨時陷入焦慮與孤單之中，極度渴望擁有朋友。於是，他們更執著於美麗的外貌，拼命想讓自己符合社會認為美麗的標準，因為他們認為這是最容易獲得關注、愛與認同的方法。雖然造成進食障礙的原因有生物學上的，也有社會上的因素，但其中肯定也受到個性與家庭因素的影響。

首次把吃東西的意義，引入人類心理發展學問體系的人是佛洛伊德。佛洛伊德將人類的幼年發展階段，分為口腔期、肛門期、性器期（伊底帕斯期）、潛伏期；他將出生至十二個月前後這段時期歸為口腔期，即使過了這個階段，該階段所代表的意義與扮演的角色，也會以不同的形式持續對未來的人生發展造成影響。

口腔期最大的特徵，就在於這時期的孩童是無力獨自生存的存在，必須完全依附父母等養育者；一個人為了發揮獨立個體的功能，需要經過一段時間的依賴與依靠。因此，口腔期的特性幾乎與所有心理問題有所關聯，若在這個階段出了問題，也可能會造成極為嚴重的情況。

在語言開始發展之前，孩童會動用觸覺、嗅覺、聽覺等所有直接的感覺器官去理解這個世界，其中也包括將母親的乳頭含在口中的這個行為（經典的例子就是孩子在開始會爬的時候，會將所有東西先放進嘴裡，從而掌握、探索該物品的特性）。在這段時期，嬰兒感到飢餓時，必須要有東西放進嘴裡才能消除那份不快感，也必須要有人幫忙清理，才能清除排泄物令肌膚不適的感覺。**藉由這樣的過程，感受到外在世界對自己較為親切或較為敵對，並將這樣的印象烙印在心中。若在成長過程中，口腔期的依賴需求沒有被徹底滿足，反而會使人更加難以獨立，也會使人難以與他人建立親密關係。**

另外，這個時期主要的成長課題，除了感受人生安穩的樂趣與快樂之外，也要透過具有重要意義的對象（在口腔期，具有重要意義的對象通常會是母親或父親等主要的養育者）的相處，充分體會依賴與安全感。原則上，人這輩子所會經歷的對人的基本信賴、快樂的感受、積極性與適當的攻擊性等，都是奠基於這個時期的經驗。

她的暴飲暴食與嘔吐，還有媽媽

C是一位二十多歲的未婚女性，患有心因性暴食症。她每天會暴飲暴食一次，發作時所吃下的食物分量，相當於十名普通成人的食量。她會吃到肚子幾乎要撐爆的程度，再用手指挖喉嚨催吐，有時候甚至可以不靠手指，只憑自己的意志吐出來。吐出來之後她會感到十分暢快，不過隨即又會感到空虛與羞恥。暴飲暴食的時候，很難品嘗到食物的美味，只會有種內在十分空虛，想盡快找東西填補的感覺。嘔吐完後她雖不再感到緊張，但卻會對反覆暴飲暴食、嘔吐的自己感到厭惡，進而變得憂鬱、產生想輕生的念頭。

開始進行精神分析式諮商之後，她有很長一段時間都無法與諮商師建立親密感。當她感覺與我變得親密時，就會陷入嚴重的焦慮，擔心自己過度依賴我或沉迷於這段關係。當然，她也有表現出其他的態度。

「親密感？當然，我知道醫生很努力想幫我，不過諮商的時間都是固定的，我也支付了相應的費用。醫生也沒辦法當我的爸媽不是嗎？」雖然態度有些消極，但她仍抱持著希望透過諮商接受協助進而改變的想法，所以我們的諮商得以持續。

事實上，所有類型的諮商，尤其是精神分析式的諮商，都具有兩種相互矛盾的特性。親子、情侶、配偶之間無法談論或不會談論的內容，經常會成為諮商的主題，這也使得諮商師與個案建立起在情緒上相當親近、深刻的關係。

但另一方面就跟C說的一樣，這的確是有金錢往來的「交易」，時間也都是固定的，所以諮商師不會過度暴露自己的私生活，也不會談論自己的問題，雙方也不會在諮商室外有私人會面。後者明顯是諮商的限制，但同時也是一個最低限度的保護措施，保護雙方不會因彼此生活中某些具破壞性的部分而引發問題；仔細思考以「家人」和「血緣」為名而發生的大小控制、干涉、虐待，就會明白這種保護措施有多重要。

如上所述，她對諮商師抱持著兩種背道而馳的感覺，也就是有著嚴重的矛盾心理，有時會因為這些情緒相互衝突而感到混亂或焦慮。諮商一方面有著特定的框架（用她的說法是「冷漠」），但同時也能很有「人性」。在這樣的特性之下，需要花費很多時間，方能藉由諮商幫助個案打從心底，接受自己不需要過著那麼緊繃的生活。隨著諮商的進行，我們也能慢慢看見她為何難以從與諮商師之間的關係，感受到親密與安定。

實際上，對於諮商師的矛盾心理，其實與她和母親之間的關係非常類似。如果有需要，C的母親會無視她本人的需求，硬是逼C吃到肚子很撐，因為沒把媽媽給的食物吃完是C家中的禁忌。母親心情不好時會變得非常冷漠，而C的父親個性衝動，只要稍不順心就會大發雷霆。夫妻經常因為小事爭吵，吵完之後母親經常離家，年幼的C也因此常有「媽媽如果不回來怎麼辦」的焦慮。C對媽媽的態度有時極為親近，有時則是像永遠不會再見面的人一樣冷漠，沒有中間值，通常都是這兩者極端之一。只要累積壓力或是與媽媽之間的關係變差，她的嘔吐與暴飲暴食問題就會加劇；事實上，在諮商過程中，她若是感覺與諮商師在心理上變得太過親近，或是對諮商師感到憤怒時，暴飲暴食的症狀也會變嚴重。

幸好，在諮商過程中，她逐漸了解暴飲暴食與嘔吐所代表的各種意義。其中之一就是暴飲暴食對C來說，是類似用來安撫壓力或焦慮的機制。「安撫」這個詞並不準確，這更像是打針打在其中一邊的臀部時，必須去打一下另一邊的臀部，才能令人遺忘被針扎的痛楚。**暴飲暴食對她來說，是藉由飲食帶來的強烈刺激，暫時忘卻帶給她壓力的現實情況。從另一個層面來看，暴飲暴食也象徵與母親的一體感，嘔吐則意味著與母親保持距離，而這也適用於與諮商師間的關係。**母親與諮商師所象徵的意義，都能具象化成為飲食。

一部一九九五年上映的韓國老電影《三〇一．三〇二》就生動地描繪了在人際關係中，與飲食有關的問題，究竟會多麼的暴力。新希望拜歐公寓三〇二號的住戶名叫允熙，她因罹患神經性厭食症（厭食症）而拒絕進食。劇中，允熙在青春期時曾遭到經營肉舖的養父性侵。至於三〇一號的住戶宋熙，則是個執著於料理的女人。宋熙會把自己做好的料理分送給允熙，但後來她得知允熙都不吃自己做的料理，還會將這些菜全部丟掉，於是，兩人之間的關係從單純懷抱好意的鄰居，逐漸轉變成強迫餵食的加害者與抗拒進食的被害者。

施虐性（虐待狂）原本指的是透過折磨、虐待性伴侶的行為，獲得興奮與滿足的現象。根據佛洛伊德的理論，即使在與性無關的情況下，也能將這種傾向擴大解釋成為透過施加生理的虐待或心理的操縱、蔑視等來獲得滿足。受虐性（受虐狂）則相反，指的是讓自己反覆受罰，或一再重複遭受虐待的相處模式。在這部電影的前半段，宋熙可說是一個施虐者。因為這是一部電影，所以情節多少有些誇大，不過在現實生活中，我們身邊確實存在很多這種施虐與受虐的關係。

除此之外，其中一個值得玩味的點在於性侵允熙的養父，是一位經營肉舖的老闆。換句話說，對允熙來說飲食，尤其是肉食與加害者的攻擊性及性（暴力）有所連結，同時也是令她想起人類（醜陋）欲望的媒介。這會刺激她內心的攻擊欲望，使她想攻擊對自己施以性虐待的養父和袖手旁觀的母親。同時，飲食也會讓允熙對人類自然的性成長與需求感到羞恥。除了飲食之外，允熙在性與感情方面都相當壓抑，執著於書本與文字的原因也能追溯至此。

佛洛伊德的女兒安娜．佛洛伊德（Anna Freud），將這種執著於書本與文字，意圖藉此逃避內在衝突與矛盾的防衛機制命名為「理智化」（intellectualization）。在攻擊性與性成長快速發展的青春期或青少年期，理智化是正常成長過程中常見的傾向。

爲了讓新的喜悅誕生

由於D從小就經常生病，自然較晚脫離母親獨立生活，到了三十多歲她仍然無法獨自完成許多事。她接受良好的大學教育，智商也不算低，似乎什麼都能獨立解決，但其實她連買一套衣服、吃一頓飯都必須有母親在旁陪同。

另一方面，當D感覺到母親對她的每件事都要發表意見、表達不滿時，她就會忍不住發火，但很快地又會產生罪惡感。母親是愛操心的個性，大小事情都要操心，於是兩人之間的關係在母親過度強迫、焦慮的個性，以及D的依附需求與頻繁生病的影響下，形成相當不健康的模式。

三十多歲的她，和母親大吵一架之後，便宣告要離開母親自立門戶；但當母親要求她說出新家玄關大門的密碼時，她仍乖乖順從母親的要求。每週母親會造訪她的套房一次，用母親自認對健康有益的食物，塞滿她的冰箱。大部分都是D討厭的食物，而且這個冰箱對一個獨居者來說容量過大，那些食物D一個人實在是吃不完，而且又是她根本不喜歡吃的東西，所以總是放到壞掉。

雖然她一再跟母親溝通這件事，卻沒有任何改變，最後D無法遏制自己的怒火，只好藉著把母親放進冰箱裡的菜全部丟掉來消氣。

D的故事是透過飲食，過度控制對方的一個經典例子。廣義來看，母親與她的關係，就是在重複「施虐」與「受虐」的模式：母親強迫D吃下不喜歡且一個人根本吃不完的食物，是一種施虐者的樣貌；而D雖然討厭母親在自己不在家時來訪，卻又把大門的密碼告訴母親，則可以視為受虐者的樣貌。相反地，把母親的食物全部丟掉的D是施虐者，而持續把冰箱塞滿的母親則是受虐者。事實上，施虐與受虐就像銅板的兩面，同時會出現在一個人身上，也會視對象或情況而不斷改變。

此外，進行精神分析式諮商之後最神奇的，就是經常會發現個案的飲食習慣或對飲食的偏好有所改變。例如：四十多歲的主婦E原本不在乎飲食，這輩子從來不曾有吃過美食的經驗。對她而言，食物只是為了活下去而必須攝取的養分集合體，除此之外什麼也不是。她的表情看起來總是不耐煩、十分疲倦，體型偏瘦且相當敏感。

而在諮商過程中得知，她將「美味品嘗食物」這個行為與貪心的形象連結在一起，美味地品嘗食物會使她聯想到「貪婪」或「狼吞虎嚥」等形容詞。對她來說，貪心的感覺不僅限於食物，更適用於所有積極的行為，與性有關的部分則幾乎沒有任何感覺。從診斷結果來看，這相當於一種名為「低落性情感疾患」的慢性憂鬱症；因為無法好好感受自己內在的情緒，所以她說只覺得自己「好像整個人被什麼壓著」，不曉得「憂鬱感」是什麼感覺。她面對每件事都很消極，害怕有新的開始或學新東西，甚至不曾到遠方旅行，生活圈也非常狹隘。

E小時候母親罹患憂鬱症，所以她只要稍微過得比較隨心所欲，父母就會告訴她「這樣媽媽會更難過」。如此，站在年幼的E的立場來看，無論做什麼，母親也許都會因為自己的行為而病得更重，而這種焦慮的情緒深植在她的心中。她內心認為，滿足自己的需求會使媽媽生病，而要是媽媽生病出了什麼事，則與自己會被獨自留在世上、被拋棄的恐懼連結。雖然成年後的E即使理性上知道事情並非如此，但在潛意識與感性上，那份恐懼就像休火山深處的岩漿一般，深深影響著她的態度與行為。

接受諮商之後，她開始更能仔細區分年幼時的焦慮、恐懼、憤怒、罪惡感等多種情緒，現在，即使自己的心中產生這些情緒，她也能接受這樣並不會讓媽媽「生病或死去」。接著她一點一點找回食欲，也開始瞭解食物的滋味。她曾說，最近好好品嘗過去為孩子所做的肉類料理，「才發現原來肉這麼好吃」，這與小孩子剛開始吃不同食物時所感受到的喜悅，十分相似。嚴重偏食的她彷彿積極「探索」一樣，開始嘗試肉或生魚片等不同種類的料理，同時她也變得更健談、開朗，能暢談幼年時期的自己。某天她說：「仔細想想，我以前是個快樂且積極的孩子，但不知從何時起變成這麼消極的人。」後來她在人際關係上也變得積極，也開始會去旅行了。

飲食是人類的最基本需求，也是喜悅與快樂的源泉；在人生中，飲食也是連結我們面對重要關係時的情緒媒介。你或許會覺得每次跟家人或好友一起吃五花肉配燒酒時，都會浮現如此複雜的想法是件奇怪的事，不過在必須帶來快樂的飲食上遭遇困難，其實是件很值得去探索箇中意義和原因的事。

回歸熟悉的痛苦

緊緊抓住理所當然的恐懼

F是位家暴受害者。F的先生在結束蜜月旅行之後，就成天喝酒、對她施暴。F的先生把她打得半死之後，還會開始一一列舉F為何應該被打、F有多糟、F是個很有問題的太太等。從F掉在廁所地板上的頭髮開始，到飲食問題、孩子教養問題，甚至就連F個性內向朋友不多，都成為先生施暴的理由。幾乎所有日常生活中的細節與小小的錯誤，都會成為被批評的理由。

F聽了先生的話之後，就會感覺自己是全世界最糟糕的人。F的心情很複雜，一方面覺得這種情況太痛苦，很想逃離這一切，但另一方面又想「我是不是活該被打」，甚至她也懷疑是自己過度保護自己，成天只會批評先生，就連把這些事情告訴諮商師都令她感到羞愧。

所幸，隨著諮商進行，她逐漸能表達自己的想法。F開始對看起來比任何人都要強悍，讓她感到害怕不已的先生有了不同的看法。

F發現自己並不只是害怕先生，同時也對被父母拋棄、虐待的他帶有一絲憐憫，而這也是F決定與先生結婚的原因之一；先生經歷了不幸的過去，而F十分同情這樣的他，覺得若就這樣不管先生，會讓自己非常心痛。基於只要付出足夠的愛、包容和擁抱，就能治癒先生空虛內心的想法與自信，所以才會決定結婚。

然而，隨著諮商的進行，她開始變得極度焦慮。某天，她夢到自己漂浮在無重力的空間中，呈現抓不住任何東西的失控狀態。這個夢與隨著治療過程推進，而可能到來的失控結局所帶給她的漠然恐懼有相同的脈絡。

「諮商成功就表示婚姻生活走到終點，婚姻生活一旦結束，或許就會變回獨自一人」，這種雖然很不理性，卻非常強烈的焦慮盤踞在她的心中。雖然我們花了一點時間思考那份恐懼究竟源自何處，但越是深入了解她就越是焦慮，甚至還引發恐慌。最後F突然中止諮商治療了。

心變得多麼自在，就有多麼不安

精神分析式諮商不會在一夜之間結束，其所花費的時間比想像中還要長，而且並非總是會有新的進展。它會不斷重複著前進、後退，但整體是會往更好的方向發展的模式，即便有時個案會覺得自己只是一直在原地打轉。

從這個層面來看，我經常感覺諮商就像一種螺旋形的結構。雖然持續移動，但從某些位置向下看，會發現跟不久前所看到的景色十分相似。因此在諮商過程中，有時會因為特定情況而使治療陷入膠著，嚴重時就會像F一樣直接中斷治療，而佛洛伊德將這種情況命名為「負向治療反應」（negative therapeutic reaction）。

他認為潛意識中難以掌握的罪惡感或愧疚心理，就是造成這種負向治療反應的根本原因，而這可說是一種「自我破壞式」的情緒。另外，佛洛伊德口中的負向治療反應，與暫時的停滯現象有著本質上的不同。負向治療反應也是促使佛洛伊德在歷經長時間研究之後，提出「死亡本能」（death instinct）概念的重要原因之一。

如同細胞會歷經一定次數的分裂，在某個時間點啟動稱為「細胞凋亡」（apoptosis）的自我滅亡機制一樣，生命體內也有自我破壞、消滅的本能。雖然每個學派的觀點有些不同，不過包括自我心理學在內的眾多學派，都沒有把死亡本能視為重要的觀念，但佛洛伊德仍費盡心思地研究這個問題。

許多人認為，當症狀或不斷折磨自己的病態模式消失之後，人生就會變得輕鬆許多。原則上確實如此，但這些潛意識被罪惡感所支配的人，並不允許自己過得太輕鬆，而且他們非常「熟悉」反覆折磨自己的模式。消除症狀，就表示脫離熟悉的狀態，而要從這個模式進入不曾體驗過的陌生世界，經常令人感到更加恐懼。當然，這並非理性且合乎邏輯的思考，不過我們的心理與情緒，本來就無法只用理性和邏輯來解釋。所謂的症狀消失，也就是拋開熟悉的思考模式，迎向新改變的恐懼；關於這一點，我們能從柏拉圖著名的「洞穴寓言」中看出端倪。

洞穴中，許多囚犯面朝牆壁被鐵鍊囚禁著，他們只能看見洞穴的牆壁。囚犯們唯一所能看見的東西，就是當陽光自洞穴外照入時，投映在洞穴牆壁上的影子。他們並不知道投映在牆壁上的其實是自己的影子，反而深信那些影子是實際存在的事物。一天，其中一人被釋放離開洞窟，他看見真實的世界，了解到原來至今自己所感受到、所相信的事物都是幻象。他再次回到洞窟，告訴剩下的囚犯洞窟內的世界有多麼不完整、多麼虛幻，但其他囚犯卻認為他瘋了，不相信他所說的話。

這個寓言就跟哲學一樣，同時，它之於精神分析也相當重要。我們困在各自不斷重複的模式中，有如洞窟裡看不見其他事物的囚徒。

在停止諮商之前，F留下的話總令我感到惋惜，也令我煩惱。

「多虧醫生，我的人生有一部分好轉了，這點我承認。不過我的心變得有多自在，也就變得有多不安。未來如果繼續諮商，我會變成什麼樣子呢？切斷人生的循環之後呢？我必須否定自己過去十五年的人生嗎？有誰可以保證繼續諮商，我的人生就會比現在更好呢？當我否定過去的人生並展開新人生之後，若那段新人生無法令我獲得充分的滿足，屆時我又該怎麼辦才好？」

儘管多少有程度上的差異，不過許多人在改變的過程中之所以會感到不安，其實都其來有自。即便這種情況令所有人都感到痛苦不適，但因為已太過習慣這一切，所以對當事人來說這反而是一種安穩的狀態：理性上知道未來的確會變好，但內心深處卻害怕新生活帶來的陌生。

事實上，我們所有人，無論有無心理問題或症狀，都在這兩種狀態之間不斷反覆擺盪。

正面卻混亂的改變

另一個問題，是症狀或病態模式所具備的隱藏功能；其實折磨自己的症狀對我們人生的意義，比我們想像中更加深遠。我們可以從下面這位個案的告白中，明確看出這一點。

G是位三十五歲左右的未婚男性，長期飽受慢性憂鬱症所苦。外表看起來在公司沒有什麼問題，在家中也沒有遇到什麼明顯的困難。他在公司原本就安靜寡言，給大家的印象是不太樂意與他人相處。他總感覺憂鬱，身體也一直很沉重，記憶中幾乎沒有覺得腦袋是清醒的時刻。與自身的潛在能力相比，G的工作或社會成就看似偏低，不過也沒有因此引發什麼非常嚴重的問題。

G的父母勸他結婚，但G並沒有談戀愛或接受他人的介紹。因為他強烈地認為，與他人認識、交往進而結婚的過程，必須消耗太多的精神能量。而就在諮商逐漸上了軌道，憂鬱的烏雲逐漸散去時，他說：

「我以前真的感覺自己彷彿長時間待在看不見出口，又黑暗又漫長的隧道中。現在，終於覺得可以擺脫那種感覺，我也終於有這麼一天，實在是非常開心。但奇怪的是，這同時讓我感到混亂。之前我一直困在名為憂鬱的黑暗之中，只需在乎那份壓抑的感受，不需要在乎其他事物。現在我有大夢初醒的感覺，能從痛苦的夢境中醒來固然很好，但過去我其實也不曾感覺到世界原來如此複雜。如今無論是父母還是公司同事，或是我寥寥無幾的朋友，我實在不知道該如何面對與他們的關係。」

對G而言，新的改變固然是好事，但同時也帶給他「陌生的衝擊」，使他陷入混亂；事實上，先前熟悉的既有模式中，隱藏著他所不知道的正向功能。

G的自尊十分低落，即使人生中出現小小的機會，他也會因為覺得「我本來就不行」而輕易放棄，因為過程中的競爭或能量消耗，對他來說是件非常痛苦的事；真要說的話，這可以稱作是「成功恐懼症」。

G的父親是位非常「強悍」的人，而白手起家的父親總是強迫獨生子的他必須有傑出的成就，若無法達到要求就會招到嚴厲斥責。

某天，正值青春期的高一時期，G因為受不了父親一邊吃飯一邊碎唸而發怒。他用力拍桌子起身，卻不小心將桌上裝著熱湯的碗打翻，湯就這麼撒在父親的腿上，勃然大怒的父親打了G一巴掌，G則推開父親跑出家門。父親在這過程中所受的傷雖不嚴重，但大腿上留下一塊燙傷的痕跡，也因為一想到兒子把自己推開的畫面就感到憤怒，於是有好一陣子夜不成眠。幾個小時之後G回到家，家中的氣氛非常不好，後來全家人也都閉口不提這件事。

知道有這件事情的發生之後，以及經過一陣子的諮商，我們逐漸發現他的憂鬱症狀、無力與成功恐懼症究竟具有怎樣的功能。

第一，對他而言，在人生中成就什麼，就等於滿足他最憎惡父親的要求（當然，他至今一直沒有意識到這一點）。與此相對，「自己的失敗」在與父親的關係中反而是一種勝利，而這也變成一個相當矛盾的問題。

第二，達成任何成就的過程，必然伴隨著攻擊性。當然，這時候的攻擊性並不是「憤怒」或「怒火」，而是更中立一點的意思（例如：「更有攻擊性地推動業務」這句話，就是比較符合這個狀況的說法），更接近於「積極」的概念。從這點來看，積極在廣義上也可納入攻擊性的範圍中。

對G來說，高中時的那起事件讓他覺得，無論這個攻擊性的意思是等同於積極或較為中性，只要是發揮自己內在所擁有的能力達成任何目標，就會讓自己的父母發生非常不好的事，造成某種毀滅性的結果（例如：父母得癌症等），或自己會以任何可能的形式遭到報復、受到懲罰。在G的情況當中，這樣的想法也是奠基於潛意識中的罪惡感。

由此可見，在某些情況下，**心理症狀其實具有一定的功能。症狀雖是治療的對象，但在F或G的情況中，這些症狀其實具備類似釘子的功能，能穩定內在衝突，但同時也會令人感到混亂，換言之，這些症狀可以說是一種代償。**

如同將這些乍看之下沒有什麼特殊功能、沒有也無所謂的釘子拔除後會造成房子倒塌一樣，症狀經常能維持一種「病態平衡」。也因此，當事人雖然有意識地想脫離痛苦或症狀，但在完全察覺不到的潛意識中卻難以拋下它們。對F與G來說，脫離症狀就意味著失去心理上的依靠或可依附的對象。

自由的眞正意思

佛洛伊德在其所提出的「結構理論」（structural theory）中，曾解釋形成症狀或特定模式的心理原理及症狀的功能。在結構理論中，他把人心區分成本我、自我與超我，而人類的行為則是配合這三種功能，有如洞窟牆壁上的影子一樣，投射在螢幕上的某種結果。

這些人心中存在特定的攻擊性、對認同和愛的渴望，以及隨之而來的挫折與憤怒。這些屬於本我範圍的感受無法完全表現出來，大多數人光是感覺到自己內心有什麼無法控制的東西，就已經感到極度恐懼，於是在產生這類感受時，自我就會發出危險訊號，也就是焦慮感。這些欲望會在自我的干涉之下，以變造過的模樣呈現出來。我們可以從G的例子中看出端倪；他的意圖是想讓父親失敗，但表現出來的卻是不斷地讓自己失敗。

另一方面，這些人不夠成熟的自我，會發送過度的警示訊號，使人以為洞窟外的新世界十分危險。自我會告訴這群人：「外面看起來新鮮有趣，但十分空虛，你現在所在的地方才是真實的。」至於超我則與潛意識的罪惡感連結，會發送比自我更加強烈的訊息，如「無論如何先生都是愛妳的，怎麼能辱罵先生呢？」、「這麼痛恨爸爸，也太不道德了吧？你會一直失敗真是活該自找的。」與此同時，潛意識中「我就像個沒有任何力量、脆弱又單純的孩子，我只是受害者，你們才是加害者」的自我犧牲意識，則會使人感到另一種滿足。

而「本我」、「自我」與「超我」交會之處就是前述所謂的「釘子」，亦即心理症狀或個性上的模式，然而，只靠改變這一個小小的釘子，很難帶來真正的變化。唯有改變整顆心的結構與關係，方有可能帶來真正的改變。對其他人來說看似容易，但對身處其中的當事人而言，這卻是一條全新的道路，他們很可能會覺得這條新的道路非常危險。**脫離造成症狀或問題的個性模式，進而獲得自由的過程就是哀悼；潛意識中的罪惡感、對改變的不安等，則是使哀悼過程變得不那麼容易的主要原因**。話雖如此，只要與諮商師一起，一步步地往自己的內心走去，肯定會在某一刻發現自己的人生變得更加豐富充實。為逃離自己打造的監獄，勇往直前吧！

心理防衛機制

究竟是從哪裡開始出問題？

「我不是人，其實我是神族（Protoss，是遊戲中的一種宇宙種族，是精神上已經獲得高度進化的種族，據說其生殖器幾乎完全退化），所以我必須切除我的生殖器與睪丸。」

年逾二十五的思覺失調症患者H，某天突然說出這番驚悚的獵奇發言。一般而言，思覺失調症是一種大腦神經迴路與荷爾蒙發生嚴重問題所導致的疾病，其通常主要的治療方式是服用抗精神病藥物，而非諮商治療。這位患者過去一直按時服藥控制病情，但只要人生遭遇重大挫折，他的病情就會復發惡化。

無論患者的生理症狀再嚴重，其精神世界都會持續運作，所以心理因素才會一直有其重要性。即便是這種看似奇特的症狀，我們也能嘗試與患者的心理狀態、內在需求與痛苦等做聯想。

他的生理症狀對他自己來說固然是巨大的痛苦，但同時也具有包容人生中因失敗而來的挫折感、無能感與自尊低落等問題的功能。也就是說，在H的妄想中，他是來自外星球的種族而不是人類，所以在地球上的日常生活中遭遇失敗也是理所當然的事。

人類的內心有一種機制，會把可能發生的衝突、欲望、難以容忍的想法或情緒等，轉換成其他型態來幫助認知的裝置，也就是「防衛機制」，而這樣的防衛機制是形塑人類個性的重要心理機制。

防衛機制是在人類成長過程中，以我們不知不覺的方式，經過長時間慢慢發展出來的機制。其他章節中我們也有簡單介紹過，不過在這一個章節裡，我們會全面介紹幾個主要的防衛機制。我們可以從幾個不同的層面了解哀悼過程，其中之一就是脫離熟悉的執念，進入較不病態的狀態。而我們之所以會一再重複熟悉的行為模式，原因之一正是防衛機制的運作所致。因此在不了解防衛機制的情況下，我們幾乎不可能理解哀悼是怎麼一回事。「投射」、「分裂」、「合理化」、「壓抑與情感隔離」、「反向作用」、「對攻擊者的認同」、「自我約束」以及「昇華作用」，以上這些都是常見的防衛機制，接著，就讓我們來看看這些影響人類個性和行為的心理機制，究竟是如何影響著我們。

投射——都是你的錯

簡言之，這就是「怪罪他人」的一種防衛機制，我們經常能在政治人物毫不掩飾地爭權奪勢時，看見這種防衛機制。另外，在諮商室裡處理某些問題時，也經常能看到這種機制：「我的人生之所以會如此扭曲，都是因為你！」

不過俗話說「一個巴掌拍不響」，一件事情不可能百分之百是單方面的錯，甚至就連一位女性選擇嫁給一個不斷外遇、對家人施暴的先生，都有促使其做出這個選擇的心理契機。雖然我們無法批評太太或追究太太的責任，不過除了先生的問題之外，了解到自己內在的某個部分是造成自己的生活變得如此辛苦的成因，也是非常重要的事情。

將錯轉嫁給他人，雖然對精神健康有一定的幫助，不過如果把每件事的責任都推到別人身上，我們便很難過上幸福順遂的生活。話雖如此，也有一些情況，與我們所說的推卸責任不太一樣。

I是一個自尊低落的人，平時就很在意他人的一舉一動和想法。無論自己身處在哪個群體，都擔心別人會不會因為一些小事就討厭自己，也有輕易斷定他人討厭自己的傾向。例如：假設他沒有洗頭戴上帽子出門在家附近走走，卻在這時遇到認識的人，回家之後他便會反覆思考對方如何看待自己的打扮，或者，如果他從別人的言語或行為中，發現不同於以往的地方，他便會認為是因為自己的穿著造成對方不喜歡自己，進而開始責怪自己；以上，也是另一種經典的投射案例。

以過度嚴格的標準審視自我的其實不是別人，而是自己心中的「他者」。質問自己為什麼這麼骯髒的那個聲音，其實來自於自己的內心，只是將這些話投射在外界的個體身上而已。但這時當事人感覺不到那股聲音，其實是來自於自己的內心。在精神分析式諮商的過程中，許多防衛機制都會歷經變化，尤其很多時候，個案都會在諮商後發現這種投射現象其實來自於自己的內心。換句話說，能在諮商後區分哪些是「內在」的問題、哪些是「外在」的問題，就已是非常重大的改變了。

分裂——不是朋友就是敵人

有些人活在黑與白、善與惡的二分法世界中，這種非黑即白的防衛機制，稱為「分裂」（splitting）。這個世界很複雜，人類更是複雜，一個人心中會同時存在著好幾個不同的面貌，好比一個對我好的人，同時可以對其他人做出非常卑劣的行為，而要整合並接受這種複雜性，其實不是件容易的事。

例如：某些曾經放冷箭傷害我的人，或許可以獲得其他人的大力讚賞，要接受這件事真的非常不容易。人類與世界的複雜性、多面性會令人感到混亂，而逃避這種混亂的最簡單方法之一，就是區分黑與白、善與惡、朋友與敵人的二分法。就用二分法看待世界，這是多麼簡單的一件事？然而，在這種極端二分法之下，就是分裂。

分裂這種防衛機制造成的另一個常見結果，就是「雙重標準」。例如：以不同的標準看待自己的浪漫愛情故事與他人的不倫戀情，把兩者當成像油與水一樣，界線分明的兩種不同情況，就是一種降低內在衝突與混亂的方法。

在精神分析理論的發展史上，分裂這個概念一直扮演相當重要的角色。佛洛伊德曾以人類生涯初期，幼兒的自我無法清楚區分母親或母親乳頭的現象，來探討人類的心理發展。而一位名叫梅蘭妮．克萊恩（Melanie Klein）的英國精神分析學家，進一步擴大了這個概念。處在絕對依賴狀態的不成熟幼兒，能區分可充分提供自己母乳的「好乳頭」，與無法提供足夠母乳的「壞乳頭」。她認為這種二分法經驗在成長過程中，扮演著非常重要的角色。

於是，在人類成長過程中，需要一個整合「好乳頭」與「壞乳頭」的過程。有了這個過程之後，我們就能了解到，能無條件滿足我們需求的「好乳頭」、「好媽媽」，並不絕對都只有好的一面，而是有極限、有自我需求的獨立個體。

而在整合的過程中，可能會伴隨著失望與挫折，以及藉由放棄理想事物所帶來的失去與悲傷，使我們能獲得一種「包容性」。反之，若沒有充分經歷此過程，就非常有可能困在非黑即白的邏輯世界中，同時也會一再重複理想化、貶損他人的過程。這樣的人在諮商時，也會對諮商師表現出類似的行為模式。所以整合對諮商師的理想化與貶抑，進而感受到諮商師是一個更貼近現實的人、以更現實的角度看待諮商師，是諮商過程中非常重要的一環。

合理化——我沒關係

前面提到的那一位思覺失調症患者H，有嚴重的神經迴路異常與荷爾蒙問題。話雖如此，即便他所說的話內容非常怪異，但這種把自己當成神族而非人類的想法，其實是一種防止自尊心受傷的「合理化」（rationalization）機制。合理化的經典案例，就是伊索寓言當中的《狐狸與葡萄》。狐狸想摘下結在樹上的葡萄來吃，最後卻因為太高搆不到而放棄，並說：「那些葡萄肯定很酸。」如果葡萄真的這麼酸，那狐狸實在沒有理由為了摘葡萄而努力。

前面所提到的G，認為自己是個微不足道的人，絲毫沒有客觀看待自己的能力。實際上，他非常聰明且善於待人處事，個性也十分積極，不過每到人生的關鍵時刻，他就會主動放棄，或做到一定的程度就搶先劃地自限。

G在考大學時也發生類似的情況。他理想的學校與科系，錄取分數標準都比自己的分數要高一些。於是他將自己的焦慮，合理化成為「那所學校離家太遠、註冊費很貴，而且那個科系是夕陽產業，對我的人生沒有幫助。」此外，大學時期他曾有過心儀的女同學，但他同樣也因為害怕被拒絕，便以「對方話很少，交往後肯定沒什麼樂趣可言，會累到我自己」為由放棄告白。他從來不曾迫切追求自己真正的理想，所以才會覺得人生無趣，更從來不覺得充實。

壓抑與情感隔離——忍耐再忍耐

所謂的「壓抑」（repression）是指按耐內心不適的想法、感受、情緒、聯想、形象、記憶等，讓自己完全感受不到、不會想起該事件的防衛機制，這也是佛洛伊德口中經典的防衛機制之一。

壓抑或「情感隔離」（isolation of affect）的目的，在於保護當事人不會因特定情緒、事件或聯想，造成心理上的傷害或痛苦。跟其他防衛機制一樣，這些防衛機制並不會讓當事人感受或意識到這是一種「防衛」。

如果我們心中有因壓抑而想不起來的事件，我們會無法得知自己究竟記不記得這件事；若有因壓抑而感受不到的情緒，同樣也難以得知自己究竟是否感受得到那種情緒。也就是說，**我們能意識到的不是防衛機制本身，而是防衛機制造成特定行為模式或症狀**。許多個案在開始精神分析式諮商之後，經常會忽然想起長期壓抑的回憶，或與該回憶有關的情緒。

情感隔離與壓抑類似，不過兩者最主要的差異，在於情感隔離會把情緒或事件與事實切割之後再壓抑。情感隔離是受強迫症等症狀所苦，對自己過度嚴苛的人經常使用的防衛機制。I有著不曾對任何人提及的強迫症，他的內心有個規則，就是上下樓梯時第一步必須是左腳，最後一步必須是右腳。如果樓梯是奇數，他會中途停下來改變腳的順序，或是一次跨兩個階梯來讓最後一步落在右腳。因為他覺得如果不這麼做，就會發生什麼不好的事，即便他理性上很清楚知道這種行為很不合理。雖然如此讓生活有些不方便，但因為這是他長期以來的習慣，所以他也不曾為此感到痛苦。

這樣的症狀開始於他高一的時候，當時他的性幻想與性需求變得十分強烈，而為了避免這件事帶來的心理壓力，才會開始這樣的行為。

精神分析中所說的「幻想」（fantasy）與幻聽或幻視等幻覺完全不同；它是指在心中描繪或一閃而逝的特定影像或想法，例如妄想或做白日夢都是很典型的例子。由於心中有這麼多性幻想，令他感到痛苦且羞愧，於是這些症狀變成行為留下來，而與此症狀有關的性幻想與情緒（罪惡感或恐懼），則消失在意識的彼端。

反向作用——隱藏在罪惡感後面的攻擊性

「反向作用」（reaction formation），簡言之就是「越不喜歡的人，越要對他好」。中年的J是異卵雙胞胎姊妹中的妹妹，從小就活在父母的愛被姊姊獨占的情況之下，造成J非常敏感，一點小事就容易擔憂，也容易有壓力和憂鬱情緒傾向。某天，她出現嚴重的焦慮與幻想。

最近提早進入更年期的姊姊被診斷出得了子宮癌，於是，J的腦海中不斷浮現手術畫面，令她十分痛苦。她害怕姊姊除了子宮癌之外，或許還得了其他的病，心中的擔憂與焦慮揮之不去。

在諮商過程中，她對於姊姊在人生中獲得比她更多的成就、更為成功這點表現出嫉妒與敵意。她對自己獨一無二的雙胞胎姊姊除了有溫暖的關懷之外，還感到嫉妒與敵視，而這使她十分難以接受。在心理上，她難以區分「內心」與「現實」之間可能發生的事，而這演變成她難以承受的罪惡感，進而使得心中相反的情緒，也就是對姊姊的擔憂越來越巨大。這種反向作用，就是強迫症患者身上常見的防衛機制。

強迫症患者的心在處理任何不適的情緒時（例如：性或攻擊需求），除了情感隔離之外，通常還會伴隨著反向作用；事實上，強迫症常見的行為特徵，都是反向作用造成的結果。

對攻擊者的認同——越罵越像

「越罵越像」這句話，十分符合「對攻擊者的認同」（identification with

aggressor）這項心理防衛機制。這一種典型的防衛機制，會使從小被打到大的孩子，成為父親之後也跟著打自己的孩子。佛洛伊德主張，伊底帕斯期的孩子會因與同性家長之間的關係感到焦慮與無力，而心理上為了能快速處理這些情緒，就會發生將自己與同性家長一視同仁的心理現象。

此外，這樣的防衛機制，也可以用青少年時期或職場內發生霸凌、刁難同儕或同事的事件時，人們在心理上會把自己與有權者視為一體的現象來說明。若不想在面對這種問題時被心理機制所騙、無條件將自己與攻擊者視為一體的話，我們就必須有堅定的自我認同：明確地知道自己究竟是誰，才不容易被影響。

自我約束——這一切都是我的錯

「自我約束」（turning against the self）這種防衛機制，我們可以在認為自己是神族，必須要去勢的H身上發現。這是一種將對外界的攻擊性，轉為針對自我的機制。對H來說，去勢就是這種防衛機制作用的結果。每當遭遇挫折與失去時，H就會難以處理隨之而來的憤怒，而且他憤怒的對象也不明確。這種不明確的狀況，會在心理上引發嚴重的混亂。

責怪自己、對自己產生攻擊性都令人非常痛苦，但從某個角度來看，也沒有比這更簡單、更確實能收到效果的方法了。K經常與長年交往的女友爭吵，近來他感覺對女友的感情不如以往，正在思考是否要整理掉這段關係。一天，兩人一起去旅行，一起喝了酒後發生嚴重的爭執。之後K的女友奪門而出，最後在他們下榻的飯店輕生。

由於這起事件來的太突然，K無法梳理自己的情緒，立刻陷入混亂之中。過了一段時間之後，K陷入嚴重的憂鬱，無法擺脫自責與罪惡感，他認為女友的死都是自己造成的。但實際上，輕生事件無法完全歸咎於特定原因，而且當事人已經輕生，也無法再把死者喚醒詢問其輕生的真正原因是什麼。即便死者真的有一個明確的原因，那個原因難道就代表全部嗎？面對這種無從探究原因的事件，人們會因為無法「接受」而陷入嚴重的混亂。

而明確解決這種混亂狀況的方法之一，就是「我的錯」。雖然很諷刺，但也沒有比這更清楚簡單的解釋了，無論這個解釋究竟是對是錯。此外，我們也經常能在歷經重大意外創傷的倖存者身上，看見這種自我約束的防衛機制。他們會不斷自責地想「如果當時我沒有那樣的話……」，嘗試在自己身上尋找事件發生的原因。

昇華作用——成熟的防衛機制

如字面意義所述，這是一種將內在的攻擊性或性需求等「昇華」（sublimation）的防衛機制；**許多藝術或文學作品，都可以說是這種昇華作用的結果。而令人滿足的生活方式、職業上的成就等，都有這種昇華作用的支持**。

精神分析把「以合乎社會文化的方式，釋放攻擊性或潛意識中性欲」的防衛機制，定義為昇華作用。曾經在青春期遭到強暴，後來戰勝這個創傷成為性教育講師的某知名人士，就是最經典的昇華作用實例。寫出《查泰萊夫人的情人》（*Lady Chatterley's Lover*）一書的英國作家 D.H. 勞倫斯（David Herbert Lawrence），則是透過文學作品，昇華隱藏在其內心深處的性衝動與近親相姦衝動。

另外，好的玩笑與幽默感也是一種昇華作用的例子，只要深入探究便會發現，這些玩笑與幽默感都來自攻擊性或性欲。報紙上的時事漫評，也能視為一種昇華作用。例如：我曾經看過一篇印象深刻的漫畫，當中畫了一名考生在考完試之後額頭就打開來，書本從中傾洩而出的模樣（額頭打開事件多恐怖的事啊！但這篇短漫畫卻以活潑的方式呈現，讓人感到十分有趣）。

除此之外，不良青少年某天突然醒悟，開始重新思考自己的人生，決定學習心理諮商相關知識，成為一名專為青少年解決煩惱與痛苦的諮商師，也可視為昇華作用的例子；一個討厭站在他人面前的人，成為知名的領導力講師，亦是一個昇華的例子。

在藝術、文學或玩笑等與現實間界線較為模糊的情況中，也經常發生昇華作用。而發生猥褻爭議、不適當的玩笑則可能傷害他人的心情，是一種在性與心理上越界的反面例子。

總的來說，投射或隔離等防衛機制是不成熟的，壓抑或合理化則屬於相對較為成熟的防衛機制。另外，一般而言，一個人身上不會只出現特定的一種防衛機制，幾乎所有防衛機制都會視人格的和諧程度交互作用，只是心理上較為成熟的人身上，更常出現成熟的防衛機制。投射等防衛機制雖被歸類為不成熟，但在不同情況下反而可能扮演健康的角色。

無論如何，透過審視內在，觀察自己最常使用哪一種心理防衛機制，是非常重要的課題。而進行哀悼也是改變人生的途徑，這代表了我們嘗試改變用於處理內在衝突的防衛機制。

專欄❷

我們究竟遺失了什麼？

一九九九年上映的知名美國電影《靈異第六感》，其本身固然有名，但「布魯斯威利是鬼」的這個劇情伏筆也同樣出名。這部電影的主角麥坎．寇羅是一名兒童心理諮商師，他的功績卓著獲得認可，在費城市長要頒發大獎給他的那天，卻遭到很久以前諮商失敗，對他心懷怨恨的文生殺害。不過他並沒有發現自己變成幽靈，甚至開始為一位與文生有類似情況的少年柯爾進行諮商。諮商過程中他進一步得知，柯爾有陰陽眼且能與幽靈對話。

從以幽靈為主角的這點來看，這部電影可以歸類為幻想恐怖片。不過我認為這些幽靈，其實象徵著我們內心深處（潛意識）未能好好哀悼的失去。之所以會有這樣的解讀，一方面是因為主角的職業是心理諮商師，同時也是因為導演透過柯爾的拉丁禱告文，暗示了這部電影是在探索我們的潛意識。柯爾不安卻懇切的禱告內容如下：「主啊，我從深處向祢求告」（Out of the depths, I cry to you, O Lord）。這裡的「深處」

（depths），代表人類的內心深處，也就是潛意識。就像下面這個例子，我們經常能在實際的臨床現象中，發現未能哀悼的心所製造出來的幽靈現象。

L是一位六十多歲的企業家。老來得子的他雖然心裡非常珍惜兒子、支持兒子，但在兒子成長過程中，他卻從來不曾表露出身為父親的溫暖。某天，兒子上班時遭遇車禍，當場就去世了。L被難以言喻的痛苦與悲傷席捲，沒有任何話語和安慰能撫慰他的悲傷。雖然兒子已經去世多年，但所有遺物都還原封不動地放著。他每天都會打開兒子的房門，那一瞬間他會感覺兒子好像還在屋內，但當確認到兒子真的不在時，他會待在兒子的房裡哭一段間才離開。L「理性上」知道兒子很久以前就已經去世了，但感性上卻完全無法接受兒子已經死去、無法接受自己竟遭遇如此巨大的失去。他完全沒有針對失去兒子一事進行哀悼，而這種未經哀悼的失去會成為創傷，創傷則會使兒子成為幽靈或他心中的木乃伊。其實日常生活中，這種內心的「木乃伊化」十分常見，只是有程度上的差異。

L的兒子跟麥坎的情況其實差不多。幽靈並不是徘徊在陰間沒有離開，而是麥坎太太安娜與L的內心，因為沒有進行哀悼而痛苦萬分，進而創造出這樣的幽靈，讓它們離不開自己。**哀悼的過程，是讓我們真正意識到那些人事物的離去，反之，未經過哀悼的離去不會消失在過去，而是會不斷地在此時此刻徘徊。**

無法告別失去，又將其珍藏的人

佛洛伊德的〈哀悼與憂鬱〉是一篇指標性的論文，內容充滿詩意以及對人生的最深入觀察。他相當好奇「失去後經過完善的哀悼過程」與「歷經失去後衍生出重度憂鬱症」的兩者之間究竟有什麼差異。佛洛伊德如此記述憂鬱症患者的重要內在特性：「憂鬱症患者知道自己失去了誰，但卻不知道自己內心失去了什麼。」

柯爾對麥坎說的話也有相同的脈絡：「我能看見死人，祂們則只看見祂們想看的東西。祂們不知道自己已經死了。」

我們只要把柯爾的這段話稍微修改一下，就能套用在無法擺脫憂鬱症藥物、一直把麥坎的戒指帶在身邊、不斷重複播放結婚影片來觀看的安娜，以及，在心理上完全無法接受兒子已逝的L身上：「他們只看見自己想看的東西，不知道『麥坎或兒子』已經死了。」他們的「腦袋」很清楚那個對象已經消失（也就是知道自己失去了誰），但麥坎或兒子仍活在他們的潛意識中（不知道或否認自己失去了什麼）。

佛洛伊德認為，有別於正常進行哀悼的狀況，憂鬱症患者對自己有很強烈的攻擊性，且非常關注嚴重使自己自尊低落的事物，因為憂鬱症患者將自己與失去的對象畫上等號。在同一篇論文中，佛洛伊德寫道：「對象的影子仍籠罩著自我。」

也就是說，他們透過把自己與對象同質化，藉由把失去的主體完整保存在自己心中，來讓自己不要失去那個對象。然後再藉由攻擊、批判自己，來攻擊那個離開自己的對象。**因此佛洛伊德認為歷經失去的憂鬱症患者對自我的批判，實質上是對內心那個失去對象的批判。**當然，這個過程被壓抑在人類的潛意識中，所以人們無法意識或察覺到自己已把自己與該對象混為一談，以及自己其實是在批判該對象。

佛洛伊德針對與對象混為一談、下意識攻擊該對象等行為所作的解釋，或許會讓許多人覺得有些抽象。現在，讓我們再利用以下這位個案的情況，進一步說明。

一名罹患慢性憂鬱症的女性，在與母親的心理獨立與隔離過程中遭遇困難。她無法違抗母親說的話，但只要母親讓她不開心，她就會過度失望並衍生出極度的憤怒與自殘行為。

由此可見，對象的失去並不只局限在前述的真實死別或離別等情況中，日常生活中使該對象的理想形象破滅、令我們感到失望的時刻都會產生失去之感。自殘表面上看起來是對自己的攻擊，但很自然地能聯想到這其實是在攻擊令自己失望的母親。

我們再舉一個簡單點的例子。想像一名被父親嚴厲責備後回到房裡的青春期少年，用拳頭用力捶著牆壁的情景。這在表面上同樣是自殘行為，但也可以看成其中隱含著攻擊父親的意圖。

不能接受失去本身的人們

「愛會回來的」是某部連續劇中的經典台詞，但這在現實中真的有效嗎？始終在身旁徘徊不曾離去、努力想要回到愛人身邊，或持續在愛人周圍打轉的愛，真的可以叫做真愛嗎？而嘗試探究此一問題的經典作品，就是前面曾提過由費茲傑羅所撰寫的《大亨小傳》。我們除了能從殘酷的自我理想角度來解讀這部作品之外，也可以從「失去」與「操縱」的層面來深入探索。

蓋茨比謊稱自己出生在美國中西部的富裕家庭、家人都已離世，自己曾在牛津接受正規教育等。他不斷說謊，還與黑手黨的老大合作賣走私酒，藉著幹下許多不法勾當來累積財富，是一個「反社會人格」的人物。然而，蓋茨比之所以如此，是為了與黛西來往，才會這樣是非不分地朝著成功前進。

對蓋茨比來說，黛西就是所有成功的綜合體、是成功的化身。蓋茨比的計畫是讓黛西夫妻離婚，再讓自己與黛西結婚。蓋茨比的鄰居尼克．卡拉威說過去的事情無法挽回，但蓋茨比無法接受尼克的話，他深信一切都能回到五年前兩人首次墜入情網的時刻。蓋茨比的想法過於「單純」，幾乎能視為妄想。究竟是他心中的哪個部分，使他一直否認過去那幾年的時間與改變？

蓋茨比理性上知道黛西已離開自己，但心裡卻選擇不看這件事。當這樣一個盲目的人遭遇重大創傷事件時，一開始會出現的反應叫做「否認」（denial）；「不可能會有這種事」的反應，就是最經典的例子。蓋茨比完全沒有脫離這個反應，同時又過度自滿，幻想自己的力量與能力接近萬能，而這是一種「躁狂性防衛」（manic defense）。

「躁狂性防衛」與「幸福感」相差甚遠，且兩者其實正好相反。由於潛意識不想接受因內心痛苦與失去所引起的挫折、無力、蒼涼與空虛，所以才會產生不知何時會破滅的泡影。其中，《大亨小傳》中的人物會不斷舉辦頹廢的派對，也可以看成是一種讓自己不去正視貧乏內心的躁狂性防衛。

蓋茨比自我陶醉式的幻想與躁狂性防衛，使他無法對現實有正確的認知，並讓他在該離開時無法離開，進而使自己走向滅亡。未能哀悼的憂鬱症患者，會將自己與失去的對象混為一談，並在心裡賦予該對象力量再將其珍藏。躁狂性防衛則不會將自己與失去的對象混為一談，甚至不會去承認有任何事情發生在自己身上或這個世界上，好藉此幫助自己面對失去。

從表面上看起來，憂鬱症與躁症似乎完全相反，但其實都是一種無法接受失去的機制，兩者實則大同小異。

停滯在沒有哀悼失去的時間中

二〇〇六年的日本動畫電影《跳躍吧！時空少女》的主角女學生真琴，偶然獲得穿越時空的能力，於是她回到過去，重新經歷那段時間的人生。一開始她的校園生活的確更順利，也少犯了很多錯，然而，她只想當成一般「男性友人」的千昭，卻突然向她告白，而這一切使得事情開始變得複雜。真琴往來於現在與過去之間，最終導致原本應發生在自己身上的火車意外，改為發生在朋友功介身上（仔細看這部動畫的開頭，就會發現真琴已經被火車撞死的暗示）。

除了這部動畫之外，世界上還有許多與穿越時空、時光機有關的小說、電影，描述失去、創傷和哀悼，以及在人心中「時間」具有多麼重要的地位。在我們生活的世界中，沒有什麼比時間更絕對。只要有人能徹底支配時間，那個人就會成為世界與命運的主宰，也能從失去與創傷中獲得自由。從這個角度來看，或許在描述失去、創傷與哀悼的作品中，會有時間或時鐘等元素出現，也是理所當然的事。在我看來，那些歷經失去卻未曾哀悼的人，心中的時鐘早已停下。

另外，我們也能在日常生活中觀察到這些現象。例如：近來流行的「想當年拿鐵」（譯註：韓文中「想當年」、「我那時候啊」的發音跟「拿鐵（Latte）」相似，後來便開始以拿鐵戲稱「有年紀的人回憶當年勇」這個行為，帶了一點諷刺對方活在過去的意思）、「話說我那時候啊」等行為，都精準表現出許多只會回憶當年勇的「老古板」們，內心還有尚未完成的哀悼與停滯的時鐘。

除此之外，我們也可以從消失與喪失的角度，來分析電影《春逝》。電影中所有登場人物都處在孤獨的狀態下，例如：電影中雖沒點名尚優的奶奶何時與先生死別，但在先生去世之前，奶奶心中就已經有因巨大的失去而留下的創傷，而那個巨大的失去，就是先生的外遇。從外遇對象前來道歉的那場戲中，可以看見這份失去造成的創傷之深。罹患失智症的奶奶可以從老舊的相本中，一眼辨認出年輕時的先生，會是因為這個原因嗎？奶奶面對年輕時的照片能立即說出「這是我老公」，但看見先生上了年紀之後拍的照片，卻做出「這老頭是誰啊」的反應並大力將相框推開。奶奶內心的時鐘因未能哀悼的失去與創傷，而徹底停留在五十甚至是六十多年前的時空。

韓國已故傳奇歌手、被譽為唱歌的哲學家金光石，其歌曲《三十歲左右》所描述一天又再度遠去，人們每天都活在離別之中的感受，同樣也點明了與失去有關的問題核心。如同金光石所寫的歌詞，人生由日復一日的失去所串聯而成；換句話說，人生的每一刻都要哀悼。

綜觀我們所提到的哀悼特性，就會明白所謂充分的哀悼過程，是：**將仍活在現在**

的過去送往過去，讓不存在於現在的對象真正不再存在的過程。佛洛伊德認為，人們藉此記住並追思早已不存在的對象，同時整合對該對象的愛與恨等情緒，再完整接納這份情緒的行為，就是哀悼的過程。那麼我們究竟該如何哀悼這無數的失去，從創傷中挽回自己的人生呢？

聆聽潛意識的聲音

麥坎對身邊因幽靈而痛苦的柯爾說：「我好像知道如何讓祂們消失，你試著聽聽祂們要說什麼。」這是多麼精神分析式的對話？九成的臨床精神分析，都是在傾聽來自個案潛意識的聲音與訊號。我認為臨床分析師生涯大多數的時間，都在學習如何「傾聽」這些聲音與訊號。

從此柯爾不會再因幽靈而感到恐懼，他會傾聽祂們的故事，同時會將自己的嘴借給幽靈。柯爾成了靈媒，將幽靈與無法得知幽靈想說些什麼的普通人串聯起來。換句話說，柯爾扮演的角色類似於口譯員。

一名被繼母毒殺的少女，雖然帶著冤屈化作刑場的露水消失在世界上，但卻有柯爾聆聽她無人知曉的亡故緣由；過世的外祖母與母親之間產生了誤會，進而導致母親心中留下彷佛永遠無解的傷痕，最終也是在柯爾的幫助之下得以治癒。此外，電影中還有一個有趣的橋段，那就是當有人問起學校所在的這塊地過去究竟是做什麼用時，級任導師回答說是法院，但柯爾卻說許多人平白無故地被帶來並在此喪命。在這一個橋段當中，我們可以看出級任導師象徵著想要抹去不光彩歷史的傳統體制，而柯爾則為在其中受壓迫的每一個人找回他們的故事。

從這個角度來看，我們能將柯爾與在第一線把耳朵與嘴巴借給個案的潛意識，並與個案一起尋找如何能從壓抑、留存在潛意識中的失去、傷痕與創傷中獲取自由的精神分析式諮商師，聯想在一起。這部電影的高潮，就在柯爾幫助麥坎進行哀悼過程的那一場戲。麥坎總是以工作為優先，死前從不曾向妻子表達過自己有多麼愛她。柯爾對麥坎說：「有個方法可以跟她說話，你先等到她睡著，這樣她就能聽到你說的話了。」最有趣的地方在於身為幽靈的麥坎，只有在妻子睡著時才能與她溝通。我認為柯爾這裡說的方法，其實就是透過夢境。

佛洛伊德曾說「夢是前往潛意識的捷徑」。現代精神分析學雖然很看重夢，但並不認為夢具有什麼獨特的意義，所以劇中的這個橋段，與佛洛伊德當初說這句話的狀況確實有些不同。然而，從精神分析的立場來看，夢依舊是反映潛意識的重要現象之一。

而在柯爾的建議之下，麥坎終於能與睡著的妻子進行對話。妻子問：「你為什麼丟下我離開了？」

這裡，我們可以再一次思考一下，沒有進行哀悼過程的人，他們的心裡究竟抱持著怎樣一種態度。我們可以聯想到前面提到的「憂鬱症患者知道自己失去了誰，但卻不知道自己失去了什麼」這句話。麥坎遭槍殺時，他的妻子人就在現場，因此這個問題，其實不是在問麥坎為何而死。妻子的問題，是一個難以接受既定事實的人其內心的疑問，也是對人類這種有極限、並非全知全能的生物，所提出的存在主義式質疑。

許多人深陷在未能哀悼的失去與創傷泥淖中，無法脫身，他們內心最常見的現象之一就是問「為什麼」；他們心中會不斷出現許多疑問，而這些疑問都難以獲得令人滿意的答案。**哀悼的過程，其實也可以是區分哪些問題我們可以回答並接受、哪些問題人類無法解決，同時放棄後者並接受人類有其極限的過程。**

在與麥坎對話的過程中，睡夢中的妻子握在手中的戒指掉在地上，而麥坎也終於得知令他椎心刺骨的真相。不過正視並接受真相的瞬間，麥坎就已做好離開的準備，並得以傳達最後未能來得及對妻子說出的話：「妳始終是我心中的第一，我愛妳。」而妻子弄掉的那只戒指（這只戒指看起來就像小小的腳鐐），象徵著擺脫長久以來困住自己的心靈枷鎖，獲得自由。

哀悼與藝術

就像精神分析式諮商師會動用自己意識與潛意識的所有溝通窗口，將個案的「意識」與「潛意識間」的連結，以日常生活中的語言描述出來一樣，藝術家也會利用不同類型的藝術，以各自的語言發揮這種類似口譯的功能。

從這個層面來看，所有的藝術都具有一定的私密性與特性，只能且必須嘗試哀悼藝術家本人的失去與創傷。**同時好的藝術作品，能觸動觀者潛意識中的某些部分；其具有一定的普遍性，能幫助人們哀悼未能哀悼的傷痛。**從這個角度來看，五十多年前詩人金秀英所說的「詩不是用腦袋寫，也不是用心去寫，而是用身體來寫，你必須用全身的力氣把它推出來。更準確地來說，是必須全身同時用力才能催生出一首詩」這段話，至今仍讓我深有同感。

比利時畫家雷內．馬格利特（René Magritte）留下許多驚人且特別的超現實主義作品。他十三歲時遭遇母親投河自殺的悲劇；雖然藝術作品無法完全說是他的自傳，但依然能從作品中，稍稍窺見這個發生在敏感青春期的悲劇事件，對他帶來多麼大的影響。他曾畫過隔著面紗親吻的戀人、也藉由在「符徵」與「符旨」（譯註：現代符號學之父索緒爾對「符號」索提出的系統，每個符號都可分為「符徵」與「符旨」，前者是可察覺的、聽得到或看得到得信號；後者則是抽象的心靈意象）之間產生的裂縫，呈現人類認知的極限，還有利用一根菸斗，試圖以痛苦的方式提醒人們世界的不可理解性。模糊了現實與幻想界線的眾多奇特畫作，讓我開始思考他為了克服自己的創傷、哀悼自己的失去，究竟傾注了多少努力與精力。

觀看眾多藝術作品，會發現有趣的地方在於，創作者都會持續以不同的方式詮釋特定幾個主題，而這大多也與作家或藝術家的創傷有著直接或間接的關聯。我認為這與所謂的「心理上的再體驗」現象，有著很深的關聯性。

作為遭遇失去或創傷的主角，那些瞬間肯定會讓人體驗到極度的無力感與個人的極限。心理上的再體驗是為了克服那些無可避免的創傷，而在心理上重現當時的狀況，並更進一步獲得主動的控制與克服感。例如：我們在遭遇任何大事之後，都會一邊回想當時的情況，一邊感嘆「當時應該這麼做」，這一種心理上的回想，就是最典型的心理再體驗例子之一；馬格利特也是同樣的情況。另外，英國作家查爾斯·狄更斯（Charles Dickens）的《遠大前程》（*Great Expectations*），也讓我們看見創作者如何藉由作品經歷心理上的再體驗，並且積極利用作品克服創傷的過程。

故事中，被姊姊與姊夫養大的孤兒皮普後來也失去了姊姊，最後與姊夫喬伊生活在一起。成長過程中，他在匿名贊助者的協助下得以前往倫敦，接受教育成為一名紳士。起初，皮普推測他的贊助人是郝薇香小姐，後來這個想法被推翻，皮普也得知一直以來提供自己協助的人，其實是越獄犯馬格維奇。「對，皮普，是我把你打造成了一名紳士……看，皮普，我是你的再生父母。你是我的兒子，不，你不只是我的兒子。」

查爾斯．狄更斯的父親是英國海軍的事務官，雖然薪水十分優渥，卻因為奢侈與浪費而使全家人的生活總是相當困苦，最終他的父親因為債務問題入獄服刑。理應成為崇拜對象的父親卻成了罪犯入獄，這起事件對年幼的狄更斯來說，可說是影響終生的重大打擊。我們很自然地會將得知馬格維奇才是真正贊助者的衝擊場面，與和坐牢父親相見的查爾斯聯想在一起。雖然皮普的確有著扭曲的欲望，但他最終也理解了想將自己培養成紳士的馬格維奇，並在馬格維奇被宣判死刑之後仍然對他不離不棄。他也理解到，雖然貧窮也沒有上學，但誠懇溫暖的姊夫喬伊，以及和姊夫相似的人們，才是真正具有紳士品行的一群人。作家在作品中再一次體驗自己的失去（失去了理想的父親）與創傷，並哀悼這個傷痛再使其昇華。

事實上，藝術作品最經典的特徵之一，就是「象徵化」（Symbolization）。透過這樣的象徵化，我們能將內在「失去的東西」表現出來，而這樣外部的象徵則有著兩種些許矛盾的功能：一是藉此幫助自己哀悼失去。即使對象已經從這個世界消失，但象徵著該對象的事物仍留在世界上，還有什麼比這更能安慰失去的痛苦呢？相反地，這外部的象徵肯定也會逼迫我們正視自己失去什麼的事實。

哀悼失去、回憶起失去的對象的方式，絕不僅是只有藝術而已。墳墓、掃墓、祭祀與紀念日等概念，全都可以看成具有類似意義的行為，只不過藝術是藝術家把自己最痛苦的私人經驗透過象徵的手法大眾化，而大眾化後的象徵物則能發揮一定的功能，安慰其他受傷之人的失去與創傷。**當我們從特定的藝術作品上獲得巨大的感動，感覺自己與作品、創作者以及世界連結在一起時，就表示我們潛意識中未能適度獲得傾聽、未能適度哀悼的某些事物，透過作品與意識產生了部分的連結。**

然而，也並不是說一切都獲得解決、有了解釋的狀態，就是哀悼的結束。哀悼或許是一種沒有盡頭，必須長時間進行的過程，而且很多時候某些失去會有永遠無法解釋的部分。就像安娜那個「為什麼離開了我」的問題，有誰能用簡單明瞭又充分合理的答案回答呢？如同文學評論家申亨哲說過的，有些背影我們自始至終都無法解釋，而真正的哀悼或許就是接受那些無法解釋的背影，讓他們以那個模樣離開也說不定。

失去，有時是痛苦且悲傷的，不過透過正視失去與充分的悲傷，能幫助自己擺脫束縛著我們的腳鐐獲得自由。《靈異第六感》的前言說得很清楚，當我們否認真相，我們將持續受幽靈糾纏。「真理會使你們自由」這句箴言，絕對不是只適用於神祕學上的心靈救贖。

來到必須與麥坎分離的時刻，柯爾說：「可以像明天還會見面一樣道別吧？」經過充分哀悼的失去，不就是這樣嗎？悲傷且遺憾，雖然沉重卻也因此不再只感到沉重，我相信，那是一種有如明天還會見面一般，帶著些許輕鬆的悲傷，就如同未堂的詩歌般：

依依不捨
不過
不要過於留戀
只要帶著些許遺憾

將要離別
不過
不是永遠分離
而是讓我們在餘生中
仍有機會再見面的道別

我們

不是特意去探望蓮花的風
而是有如在路途上相遇一般……

不是在兩三天前
曾經相遇的風
而是在好幾個季節以前
就曾遇見彼此的風……

——徐廷柱〈宛如與蓮花相遇的微風般〉

＊本詩收錄於二〇二一年韓國大田市立美術館特展〈喪失，發生在我身上的所有事〉的圖錄中；已取得大田市立美術館的同意。

第三章

只爲自己而哭

失去的時間與人們，
並非過去的片段。
若沒有帶著它們同行，
現在的我也不復存在，
也因此「失去」是彌足珍貴的。
為了在失去通過我們時，不致使自己粉碎或崩潰，
我們需要盡情地哭、盡情地悲傷。

內化

填補空虛內心的方法

三十歲出頭的男性A，因「感覺不太到情緒」而相當困擾；他幾乎感受不到喜悅、悲傷、幸福、憤怒等任何一種情緒，其中，最令他感到不知所措的是感覺不太到悲傷。

幾年前，他失去了與自己感情很好的哥哥，但奇怪的是哥哥驟逝，卻沒有讓他感到悲傷。無論是在告別式上，還是哥哥後來每一年的忌日，他都不曾流過一滴淚，就連他自己都感到奇怪，這也讓他害怕自己是不是所謂的「精神病患」。此外，在哥哥死亡之後，過去本來就有的強迫症狀也越來越嚴重，他前來接受諮商的契機，正是因為日漸嚴重的強迫症狀，造成他生活上的諸多不便。

某一天他做了一個夢。夢中的他還是個孩子，一個人在遊樂場玩耍，他的哥哥沒有和他一起玩，只是靜靜地站在遠處。年幼的A因為哥哥都不一起玩而哭鬧，瞬間，他因為自己哭得實在太大聲而從夢中驚醒。

情緒消失時，我也會消失

當生活太難受、太痛苦時，我們會變得悲傷，雖然許多人認為這份情緒象徵脆弱與無力，但它也是最人性化的情緒。面對一個無法共享喜悅的人，我們不會多說什麼，但在悲傷的情況下無法感受到悲傷的人，我們則會說那個人「沒有人性」。

古希臘悲劇的核心是「淨化」（Catharsis），也就是透過悲傷達到淨化的意思，同時悲傷也具有使其他情緒穩定的效果。由此可見，**悲傷的效果非常強大，但許多人卻無法好好地表達悲傷，如此一來，最可惜的是，若無法好好表達悲傷，也就無法清楚感受到其他悲傷以外的情緒**。

韓國曾出版美國作家瑞蒙・卡佛（Raymond Carver）的短篇小說集《大教堂》（*Cathedral*），在他的故事中，總會有因失去而痛苦或某處有缺陷的人物登場。這樣的缺陷有可能是精神疾病，也可能是身體的殘疾，有時也會出現因失去而痛苦的人們。其中，與短篇小說集書名同名的篇章〈大教堂〉，平靜地描述理解一個人的困難之處，以及在理解他人時內心所發生的變化；從心理學的角度來看，這篇小說完美呈現了感受不到情緒的人會經歷什麼樣的問題。

故事的主角「我」膝下無子，與太太一起生活著。一天，太太的老友兼曾經的雇主羅伯特來訪，並在他們家留宿了一天。羅伯特是一位視障人士，幾天前才幫妻子辦完葬禮。「我」的太太曾經擔任羅伯特的秘書，自太太辭職之後，羅伯特與太太就經常將彼此的事情錄成錄音帶代替信件往來，將這段友誼延續至今。葬禮之後，羅伯特造訪「我」的家與兩人共進晚餐、共度一段時光之後回家；以上，就是這篇作品的內容。

在〈大教堂〉當中，羅伯特被設定為視障者，而主角「我」則不善於表達情緒。「我」的日常十分無趣，他不關心自己的內心，也感受不到情緒，從這點來看，或許作者瑞蒙．卡佛是希望藉此詢問讀者，究竟誰才是真正的視障者。

當剛為妻子辦完葬禮的視障者羅伯特從康乃狄克州來到紐約時，「我」問他有沒有坐在火車的右側欣賞美麗的風景，而從康乃狄克州前往紐約的火車右側正是哈德遜河。由於主角對他人的關心與同理能力不足，以至於去詢問一位視障者是否有好好欣賞風景；因為不了解自己的心與情緒的狀態，所以才會無法同理他人的內心或立場。

在〈大教堂〉中，主角與羅伯特一邊看電視一邊分享沒有意義的對話。羅伯特一直問「我」從事現在的工作多久、工作是否有趣、未來是否會繼續做下去。「我」則以十分冷漠的態度、以負面且簡短的答案回答這些問題；不過，實際上這段短短的對話其實蘊涵著深刻的意義。

我們可以從中發現，「我」這名主角過著充實的人生卻不知滿足，是個隨波逐流、汲汲營營的人。他只是依照習慣與慣性生活著，絲毫不會思考與自己有關的事。他不曾深入思考自己現在有哪些感受、生活中是否有其他不便之處。事實上，這不只是在〈大教堂〉中登場的「我」的獨特經驗，在我多年的諮商經驗中，也經常發現許多人不知道自己的人生在追求什麼，只是被動地活著。

從某個角度來看，〈大教堂〉的主角「我」其實和多數的我們非常相似。**我們在忙碌的生活中遺失了自我，卻絲毫不曾察覺此事，因為這些「無感」所造成的困難並不會輕易在現實生活中浮現。**我們能好好執行社會功能，並相信這樣就能使人生順利推進，但實際上，若我們沒能感受應該感受的事物並持續忽視自己的情緒，那麼，我們的潛意識就會開始發送訊號，告訴我們人生正在往錯誤的方向前進、不要失去心與情緒。而潛意識傳遞訊息的方式，大多是透過「睡眠」或「夢境」。

對自己說「沒關係」的能力

〈大教堂〉的主角確實也經歷和睡眠與夢境有關的問題。他每晚都會抽大麻，且輾轉反側難以入眠。他很少跟太太一起入睡，即使睡著了也總會因驚駭的噩夢而嚇醒。

在此，我們可以思考一下與主角有關的許多問題，尤其是關於睡眠與夢境的部分。看著有睡眠與做夢問題的主角，可以推測他那冷漠的態度或許不是因為個性很「酷」，而是因為他未能意識到的心理問題使他痛苦。

首先，我們從睡眠層面的問題來思考。「我」很難入睡，需要藉助大麻等藥物的力量才能入睡。在爸媽懷裡的嬰兒，入睡之前都會經過一翻哭鬧。嬰兒無法透過語言表達自我，所以我們無法得知嬰兒的心聲，不過許多嬰兒在睡前哭鬧的原因，推測可能是因為有什麼東西令他們感到非常不適。

睡眠會使所有動物進入絕對的無防備狀態，為此，動物自然會對此感到不安，況且世上有比睡著還要更孤單的體驗嗎？入睡的瞬間，我們會與所有關係，甚至是與整個世界隔絕，進入孤立的狀態（人在睡眠狀態下大腦會持續接收來自外部的刺激與資訊，因此實際上並非完全與外界斷絕，只是我們意識不到這點）。也就是說，入睡時，我們與外界的光線、聲音、母親懷中的溫度、母親的聲音，甚至是與身體感覺之間的連繫都會中斷，這是一段與自己徹底獨處的時間，我們甚至感覺不到自己是孤立的。人們之所以用「永遠的長眠」來描述死亡，或許也與這個脈絡有著深刻的關聯。諮商過程中，也有不少個案會說睡覺的感覺就像死亡，他們理性清楚知道睡覺並非死亡，但心中卻有這樣的感受。

雖然每個人的狀況都有程度上的差異，不過睡眠問題和人類發展初期與養育者之間的關係、基本的信賴有著深刻的關聯性。

嬰兒是非常脆弱的存在，無法在沒有父母等養育者的協助之下，獨自安撫這些不安。因此在一定的時間內，嬰兒必須依靠外界的協助來達到撫慰不安的功能。父母或祖父母哼唱的搖籃曲、講述的古早故事等，都能發揮這樣的效果，而只要養育者能充分發揮功能，在一段時間後嬰兒就會懂得安撫自己。**嬰兒自外界學習特定功能，並讓自己扮演該角色的過程，就稱為「內化」，而這樣的內化其實不只限於睡眠，在成長過程中抒發壓力、安撫焦慮等也都是典型的內化行為。**

孩子經常會因成年人認為沒什麼大不了的事而感到焦慮、承受巨大的壓力，起初父母或祖父母必須安撫孩子，一起探索目前的問題會如何發展、要用什麼方法才能解決。而成年人則必須讓孩子知道，即使發生了最糟的情況，也並不表示絕對是不好的，其肯定能從不同角度來看待這些事情，並提供相應的情緒支持。而當這個過程一再重複，孩子會逐漸記得大人對自己說過的話、展現的態度，並藉著這些經驗調節自己的壓力與焦慮。一再重複並熟悉這個過程之後，身心便會充分熟悉這些技巧，如此一來，即使未來不去回想大人說的話與態度，也能自動用合適的方式處理當前面對的困難，這個過程也稱為內化。與此相對，若在內化發展的過程中發生問題，那麼人在入睡時，腦海中反而會不斷浮現負面想法，進而使自己變得更加焦慮、更胡思亂想，最終導致無法入睡。

睡眠也可以是衡量一個人能否安撫自己，在完全獨處的狀態下仍不會感到不安、是否好好長大成人的標準。不過是否所有人都會隨著年紀增長、身體逐漸成熟，而充分地將「安撫自我」的功能內化呢？有些人一遇到壓力或無法入睡時，就會借助酒精或藥物的力量；有些人則會陷入「性愛中毒」的狀態，嚴重時可能會沉迷於大麻等毒品。因為不知道如何靠自己安撫這些情緒，所以必須借助外界的力量或功能來幫助自己入睡。

對〈大教堂〉的主角「我」來說，睡眠這種舒適的休息時間，為何會成為令他想要抗拒的恐懼？那些令他心驚膽跳、打斷睡眠的夢境只是暫時的惡夢嗎？還是內容一再重複的夢呢？會與前一天或最近發生的事有關嗎？還是與成長過程或幼年創傷有關呢？他在夢中經歷了什麼，又有哪些人物登場？他感受到了什麼情緒？

替壓抑的情緒開一條路

讓我們回到開頭提到A的夢。在表達情緒上經歷困難，尤其是難以表達悲傷的A，說他在夢中哭了很久。從夢中醒來的A發現自己並沒有在哭，他無法分辨在夢中哭得如此傷心的他，究竟是年幼時的自己，還是三十多歲時的自己。醒來之後，夢的餘韻仍深深影響著他，讓他只能呆坐在床上好一段時間；他感覺自己就像剛做完激烈運動一樣筋疲力盡。他說：「為什麼我在夢中會哭得這麼悽慘呢？奇怪的是，現在我對我哥哥的死仍一點感覺也沒有。」

我說：「是啊。雖然這是我個人的想法，但我想會不會是因為你的內心深處，有著比你所能意識到的更加強烈、複雜，也可能十分痛苦的情緒呢？如果真是這樣，那我們應該找出是什麼將這些情緒封印在心裡，是什麼樣的恐懼阻斷了你感受那些情緒。」

他沉默了好一段時間，接著突然開始抽泣。約莫過了二十多分鐘，他終於停止哭泣並嘗試說點什麼，但卻在開口的瞬間又哭了起來。用「哭泣」並不足以說明他的情況，因為他哭得有如蓄積已久的蓄水池終於潰堤氾濫。接下來兩、三次（一般精神分析式諮商一次是四十五分鐘）諮商時，也持續發生類似的事。只要A嘗試說點什麼就會開始哭，這個過程一再重複，就像累積許久的情緒膿包終於爆開。

蓄積在A心中那些無法用語言說明的事物，在化為淚水傾洩而出之後，他終於開始能用語言慢慢描述對死去哥哥的複雜情緒。他對哥哥的競爭與對立意識、隨之而來的罪惡感、對重視哥哥更勝於他的父母的情緒等，他都能一一描述，而這個傾訴的過程在那個夢境之後，仍持續了數年之久。

在這個過程中，他逐漸從那些束縛自己的情緒中獲得解放。**解放並不表示情緒消失，而是他能理解無論在道德上是對是錯，以自己的立場來看，會有競爭心理、感到憤怒、產生敵對心態、產生殺意等情緒都是正常的，同時也能更寬容地接受這樣的自己。**在這個過程中，他更能打從心底接受自己的父母或哥哥全都只是凡人，也有他們的能力極限。

許多人來諮商時總說「我覺得我是精神病患」，但大多數的人與其說是精神病患，更應該說是面對特定問題，尤其是面對情緒問題時，會在認知或感受上遭遇困難。與此相對，真正的精神病患，很少會為了解決自己的問題去看醫生。

原則上，人之所以感覺不到自己的情緒，我認為大致有兩個原因：

第一，在認知與語言充分發展之前，孩子成長過程中內心的某些部分，並沒有被充分滿足。養育者在孩子成長過程中所扮演的要角之一，就是幫助孩子不被內心感受到的某些情緒，尤其是不被負面情緒壓制，並協助孩子將這些情緒用言語表達出來。養育者應該幫助孩子培養完整感受情緒、不被情緒壓垮、捲入或讓情緒爆發，並以語言表達情緒的能力。若這個過程不順利，那麼長大成人之後就會較不容易控制情緒。這與錯過某個學習語言的關鍵時期，未來在學習語言時會遭遇困難是類似的道理。

第二，與精神分析中的一個重要概念，亦即「防衛機制」有關。前面〈大教堂〉的主角「我」以及不久前提到的例子A，主要使用的都是壓抑或情感隔離這些防衛機制。壓抑會將某些與痛苦經歷有關的事件或情緒，全部壓抑在意識的彼端，使當事人完全想不起來。情感隔離則是能讓人記得這些事件，卻完全感受不到與其相關的情緒。使用情感隔離這種防衛機制的人，容易給他人一種有如枯木的感覺。

另外，壓抑與我們有意識地壓抑、忍耐某些想法不同；後者接近情感隔離，是當事人知道自己在壓抑些什麼，壓抑則會讓當事人無法意識到自己在壓抑什麼。所以在精神分析式諮商的過程中，經常能看見個案不時想起某些被遺忘的事情，也會發生他們可能一直都記得某些事情，卻在諮商過程中有某些原本感覺不到的情緒爆發開來。

經歷過悲傷的人，會懂得如何同理和安慰他人；而獲得他人安慰的悲傷，能促使一個人闡述自己人生中遭遇的失敗或受過的傷，並再一次站起來。與此相對，當一個人感受不到身而為人應有的基本情緒時，就表示其內心變得空虛且失去了生命的方向。這時我們的潛意識會不斷透過睡眠與夢境，告訴我們快點抓住人生的操縱桿。如果你正歷經睡眠與做夢的問題，那不妨把這當成提醒自己花點時間檢視內心的訊號。

佛洛伊德曾說：「夢是前往潛意識的捷徑」。當然，現在所有的精神分析師或學派，都不認為夢是所謂的「捷徑」，不過在精神分析式諮商中，也沒有一位諮商師認為睡眠與夢境所傳遞的訊息不重要。睡眠與夢境看似與我們的日常有段距離，且確實難以幫助我們立即掌握自己的內心，為此，若想慢慢了解難解且深藏在某處的心，就有必要接受精神分析師的協助。

心理警戒

越想掩飾，情況越糟

孩子們都有很多祕密，尤其，對大人來說難以當成祕密的事情，對孩子來說都可以是祕密；青春期的孩子或青少年更是如此。祕密對孩子，尤其對青春期的孩子來說，是保護個人隱私與心理領域的重要元素。問題是，產生這些祕密的過程經常與創傷有關，或可能像我接下來要談的內容一樣，進一步發展成病態的心理問題。

沒來由的罪惡感與自責感

《危險的家境一九六九》被視為韓國現代詩人奇亨度的自傳式作品；我們能從這部作品中，窺見一個小孩會用怎樣的方式，處理或解決艱困的情況、與家人之間的關係以及創傷事件，並經由這個過程形塑未來的個性。

奇亨度的父親在他小學三年級時因腦中風倒下，家中頓失支柱，開始過著窮途潦倒的生活。因為「太過」窮困，身為家中老么的奇亨度，還曾經跟他的姊姊一起在孤兒院生活過一段時間。媽媽總是為了餵飽一家人疲於奔命，即使兒子在學校擔任班長、獲頒獎狀，她的身心也絲毫沒有餘力能摸摸孩子的頭、稱讚孩子。當然在這同樣的狀況中，孩子們的反應與適應方式也完全不同。

家裡窮到可說是甲級貧戶，而本應扮演男孩子心靈支柱兼偶像的父親，像根腐木般倒下，母親則無法和孩子分享溫暖的對話。當父母沒有餘力用心傾聽孩子說話時，誰來協助孩子處理心中的各種情緒與感受？當領到獎狀的孩子把沒人會看的獎狀丟入河裡時，又會是怎樣的心情？是不是混雜著惆悵、埋怨、無力、怒火、愧疚、罪惡感與羞愧感？

許多處在這種情況下的孩子，都無法充分認知並表達自己對父母或家人的矛盾情緒，而造成這種狀況的原因之一，就是他們害怕且擔心自己的想法或情緒很有可能「不被接受」，而光是對父母抱持這種矛盾情緒，就足以讓孩子產生相當程度的罪惡感與羞恥心。因此，最後孩子只能將這樣複雜的情緒寄託在紙船上送出去，讓它成為無人知曉的祕密。有趣的是，當孩子的心開始發展、形成祕密，他們便不會停止向外界掩飾自己。到最後，孩子的內心通常會成為類似祕密倉庫的空間，進而發展出與最一開始截然不同的個性。

詩人奇亨度的熟人朋友對他的描述都很類似，其中最常見的形容就是「他是個開朗又多愁善感的人，無論到哪都哼著歌」，偏偏奇亨度先生經常寫出極為厭世的詩句。我個人認為要將他的創作風格與朋友的評價整合在一起，並不是件容易的事，後來我做出了一個暫時的結論，那就是奇亨度先生或許是將自己經歷的眾多心理衝突，封藏在內心的祕密倉庫中，只以「開朗」的個性來面對社會也說不定。

另外，**祕密不只是字面意義上的祕密，也可視為一種「隱密的樂趣」，帶著一點令人上癮的特性**。祕密扮演著可以形塑部分人格，但最後會使人走向滅亡的破壞性角色。

明知道會曝光，仍不斷掩飾的原因

比爾．柯林頓（Bill Clinton）就讀小學低年級時，曾經歷了一個極具衝擊性的夜晚。他的親生父親早就離家不知所蹤，一直孤家寡人的母親則在不久前與繼父再婚。繼父個性溫柔卻有酗酒問題，喝酒後總會失去自制力。那天晚上繼父喝醉了酒，他的母親打算出門去探望比爾年事已高、臥病在床的外曾祖母。繼父希望母親留在家，兩人因意見不合而起了嚴重爭執，因爭執的聲音感到不安的比爾跑到母親的房間，而走進房間的那一刻，他看見繼父掏出槍來對母親扣下扳機。

比爾一輩子都沒跟任何人分享過這件事，他不曾對任何人說過，這件事成了他最大的祕密。他曾說後來他必須孤軍奮戰，來解決這件事帶給他的心理問題。我們同時能從他的反應當中，窺探他對祕密的態度。他說，每個人創造並保有自己的祕密，會使各自的人生更加有趣、更加豐富。他在自傳中提到，珍藏祕密的同時會形成一種認同，在祕密中他感到安定與和平。他認為伴隨著羞恥心的祕密實在太過迷人，要是沒有祕密就會活不下去，甚至會失去自信。

這件事情，收錄在曾讓輿論鬧得滿城風雨的美國前總統比爾·柯林頓的自傳中。這個故事極具衝擊性，同時也讓我們清楚看見祕密所代表的意義，以及祕密會以什麼樣的形式引發問題。這個創傷不僅與他的母親有關，更使他無法好好處理未來人生中的每一段人際關係。我們無法明確得知這個創傷會在柯林頓的心裡如何作用，但我推測，對年幼的比爾來說，或許守護這個祕密，會讓他感覺自己在保護家庭、維護家庭成員之間的信賴與忠誠也說不定。

這個想法能讓想守護祕密的孩子，在心理上產生相當程度的滿足，而這會不會與許多諜報片中讓過著平凡生活的普通人，執行保護國家或守護世界的祕密任務時，所形成的心理狀態類似呢？在孩子成長的過程中，我們經常能看到渴望持續製造某些祕密的成癮性。如果這些祕密不具破壞性，那倒不會有什麼大問題，但像比爾．柯林頓這樣與創傷有直接關聯性的話，事情可就不同了。我們同樣可以從祕密具破壞性的角度，來思考在白宮內發生的緋聞。這個緋聞絕對與比爾．柯林頓形塑個性過程中遭遇的幼年創傷、祕密在個性中扮演的角色，有密切的關聯。

無論實際狀況如何，祕密都具有排他性，會排除擁有祕密者或共享祕密者之外的人，並在共享祕密者心裡形成一種特殊的感受。至於那是一種特權，還是某種特殊感受，就是另外的問題了。至少在共享祕密者心裡，他們通常會認為這是一種特權。

無論旁人對他們的評價如何，我們經常可以發現共享祕密的當事人，會產生對某種特殊感受上癮的情況，如部分基督教徒強調的方言就是一個例子。我不是想從基督教教義的角度來討論方言的意義，只是想說部分教會的神職人員或教友，對方言抱持一種特殊的感受，也就是認為這是一種特權，認為方言就是與神溝通時使用的特殊暗號。方言是一個最經典的例子，讓我們看見祕密在特定情況下，如何讓部分的人產生特殊感受。

高中時，我同樣也隸屬好幾個所謂的「圈圈」，其中有文學社團或廣播班這種合法的聚會，也有不被學校允許的團體。幾個志同道合的朋友湊在一起創建聚會，像一個祕密組織一樣獨立吸收成員。聚會沒有什麼特殊目的，就只是孩子們每隔一、兩個月去中國餐館吃炸醬麵增進友情而已。回想起來，其實這也沒有什麼祕密可言，不過那些小圈圈仍越來越多。或許是因為一種隸屬於不為人知的祕密社團的感覺，並透過這種排他性增添歸屬感，才會使這樣的聚會越來越多也說不定。

「分享祕密代表排除他者，而這終究是一件特別的事」這個想法，有時會更進一步往負面方向發展。排除特定他者發展成嫌惡特定他者，進而影響現實世界的經典例子，就是美國的三K黨（以嫌惡黑人為基礎理念，恣意發動恐怖攻擊的美國白人優越主義團體）或韓國的「ilbe」（譯註：韓國「最佳網文日報儲藏所」網站的簡稱，屬於極右派社群網站，許多仇女人士聚集。網站內多為歧視女性、歧視移工、批評或惡意抹黑左派人士的言論）。他們透過看似被賦予特殊權力的祕密主義與排除他者的行徑，嘗試否定自己的貧乏與低自尊。

B因多次自殺未遂與憂鬱症住過幾次院，之後便開始接受精神分析式諮商。她的家人曾帶給她很大的創傷，但在諮商初期她對此絕口不提，直到諮商開始六個多月，才開始講述自己的家事以及和家庭有關的驚人事實。

她的父親非常衝動、暴力且有疑妻症，經常對她的母親施暴。她是三姊弟中的長女，也是家中唯一不會挨父親打的人。每當看見媽媽或弟妹挨打時，她總會感受到莫名的安心，同時又對媽媽與弟妹產生深深的罪惡感。與此同時，她也努力想在好像很愛自己的父親面前有好表現，而她的父親則經常意圖自殺。某天，酒醉的父親又在家服藥意圖自殺，在市場經商的母親則正好在外工作，最後這起事件便以年幼的B打一一九報案告終。B自小就經常承受這種重大打擊，但她卻從不曾對外透露此事。

母親、B與弟妹認為這是家人之間的祕密，絕對不能外傳，即便長時間且經常挨打，母親仍告誡B與弟妹「不能跟親戚或任何人說這件事」。母親認為讓外人知道這件事「是我們家的恥辱」，無論對方是親戚還是朋友，一旦知道這件事就會瞧不起我們家，最後會拋下我們一家人一走了之。

在諮商過程中，B開始傾吐這些創傷，並表示這讓她很有罪惡感，感覺很像在「告發」父母、打父母的「小報告」，同時也覺得讓人（諮商師）知道這些家事，讓她感到非常丟臉。對她來說，在諮商時說出這些事不是讓自己痛苦的心得到他人的安慰，也不是分享過去須獨自承攬的內心重擔，反而是種跟諮商師共同策劃某種犯罪，告發或批判自己的父親。同時她也覺得這樣的自己，有如徹底背叛過去對自己耳提面命必須保密的母親。因為跟諮商師之間建立起一定程度的信賴關係，她才有辦法提起這些事情，不過之後就必須花費許多的努力與時間，才能讓她用心而不是用腦接受跟諮商師分享這些心理負擔，並不會對父母造成任何影響，也不算背叛家庭。

渴望獨立的孩子與焦慮的父母

「隱私」與「祕密」是一體兩面的關係，尤其對青春期的青少男女來說，祕密在獨立過程中扮演相當重要的角色。誠如前述，那些祕密對大人來說大多不是什麼了不起的東西，但對青春期的孩子而言，**「祕密」象徵獨立於父母之外，擁有屬於自己的心理界線與領域，也會讓他們感覺自己能掌控當下的狀況或眼前的對象**。

這些與祕密有關的感覺，有時會因為父母過度入侵該領域或情緒上的焦慮，以及隨祕密而來的控制欲望，使得青春期的孩子陷入持續創造祕密的惡性循環中。孩子們的獨立，對當事人來說也是一個極度令人不安的成長過程。但問題是，形塑祕密也會使父母產生一定程度的焦慮。

在韓國社會中，孩子們必須用於幫助自己在青春期成熟發展的精力，有很大一部分得挪用去準備大學入學考試，而這也經常會擴大父母對孩子的焦慮與控制欲望。也就是說，在很多情況下，父母會以「大學入學考試」為名，正當化自己的過度焦慮，進而讓許多父母過度檢視並干預孩子下課後的時間運用、交友關係，他們甚至會將這些干預行為正當化，如此一來，會使孩子再次製造祕密，最後很可能進入不斷「重複干預」與「製造祕密」的惡性循環。

在高中時來諮商的C，直到國中畢業前都還是模範生，但進了高中後就開始看父母不順眼，反抗父母。他待在房間時大多都在玩遊戲，跟網路上不知名的人來往，而父母完全無法理解這樣的他。C與父母的衝突日漸加劇，直到C將自己房間裡的東西都摔爛，他們才一起前來諮商。C表示，父母從小對他的管教就很嚴格，母親總會以C房間很亂、不會整理房間為由，藉口幫忙打掃而去翻他的東西，甚至還翻了他的日記來看。C自然不會不知道這件事，他也經常對父母表達不滿。而在進入青春期之後得知父母會翻看自己的日記之後，C就不再繼續寫日記了。

C雖然多次對隨時會偷偷進入自己房間的父母發脾氣，但父母的態度絲毫沒有改變。父母總說：「是因為你不好好整理房間，我才想幫你整理，媽媽只是想幫你而已。」來諮商時，C的雙親也一直重複相同的說法：「您不知道他在房間裡做什麼吧？明明應該讀書，但他卻整天都在玩遊戲，我們怎麼可能不管？」但父母越是不安，孩子就會有越多事情想隱瞞父母。

其實要切斷這種惡性循環並不容易，即使來諮商了，像C這樣處在青春期的青少年，通常不會把諮商師視為與自己共享困境的人，反而會把諮商師看成跟父母一樣的存在。因此，自然要花費許多時間、努力與精力，才能和諮商師建立信賴關係。

父母的態度也一樣。許多父母都認為諮商師可以代替自己挖出孩子隱瞞的事，或可以透過治療讓孩子更聽父母的話。然而，實際上在這樣的情況下，若想要讓諮商的成效最大化，必須先掌握兩個非常重要的關鍵：

其一是幫助父母更清楚地辨別，哪些部分是真的為孩子好所需要做的，哪些部分是父母過度焦慮。**支持並協助父母了解孩子不是控制對象，而是準備慢慢離開父母懷中的獨立個體，就會是最重要的治療課題**。很多人都說要讓孩子獨立，卻大大簡化孩子脫離父母獨立的問題。例如：韓國有許多即使自己的兒子已長大成人，仍然無法放手讓孩子獨立的婆婆，她們會進一步與媳婦發生衝突，也讓我們更深刻地了解到「父母獨立」是多麼難解的問題。

至於另一個關鍵，則是讓孩子感覺自己與諮商師之間產生根本的信賴，並讓孩子體驗到屬於自己的獨立領域和自律沒有受到破壞，並幫助他們了解自己必須擔負起隨之而來的責任，以及自己的行為會造成怎樣的影響、會如何提高父母的不安與控制欲望。

雖然這些目標都無法在短時間內達成，但只要透過持續的努力，讓父母和孩子都能理解到祕密與獨立、成長和心理界線有關，就能獲得充足的成果。

重複強迫

如何逃離這條不斷循環的路？

二十多歲的Ｄ女即將大學畢業，她有反覆自殘和無法與固定一名男性穩定發展關係的問題。一開始會來諮商是因為慢性的空虛與憂鬱感，反而不是因為日復一日的自殘及經常與不同男性發生關係。她說，她交往的男性有八成都是在約會軟體上找來的陌生人，所以除了有人身安全問題之外，還需要擔心懷孕、性病等許多不同層面的問題，但她面對這些問題時態度卻非常「酷」。

在諮商過程中，我得知她在青春期時曾被年長的男性親戚性騷擾，甚至還差點被性侵。之後她經歷第二性徵的發育，無法由自己決定是否要成長為一個女人的這點，令她感到非常混亂，不過她並沒有把這件事告訴任何人，並在無法得知這種混亂中究竟隱藏著什麼的情況下長大成人。

在此之後，她一直是「平凡的」女兒，也是「普通的」學生。結束艱困的考生生活、進入大學後，她開始感到徬徨。她腦海中充斥著放榜後應該要去尋找「真正的自由」的想法，她開始每天從事不同的活動，行程甚至滿到一天二十四小時都不夠用。從農樂社團到讀書會、準備海外旅行、自由潛水等，活動多到即使有十個身體都不夠。晚上更是每天喝到斷片，喝醉了就跟陌生男性見面。她說在這種狀況中，才能確認自己是自由的。

「在選擇某些東西時，尤其是選擇男性的時候，頭也不回地將他們拋棄的時候，我會感覺自己真的是自由的。」我覺得與其說那是真正的自由，更像是她內心認為自己必須「自由的壓迫」與「對自由的強迫」。而這種對自由的強迫，使她完全無法脫離重蹈覆轍的泥淖。

強迫性重複的四個類型

佛洛伊德發現人類的想法、情緒、行為等都有一定的重複模式，他將此命名為「強迫性重複」（Repetition Compulsion）。在佛洛伊德初期的理論中，他以「快樂原則」

（pleasure principle）來理解人類的心理與行為。如字面意義所述，這表示人類有追求喜悅與快樂、躲避痛苦的傾向。

但「快樂」是什麼呢？喜歡酒的人會想喝酒，喝了就會感到快樂，可是他們真的只會感到快樂嗎？人類已經透過經驗知道，喝酒並不一定只有快樂。想想酒精成癮的患者，他們一旦開始喝酒就難以控制，會一直喝到醉倒為止，而當他們酒醒後會再次渴望獲得酒精。他們發現即使這令自己痛苦到想把手給切斷，卻還是像自動化機器人一樣持續喝著酒，這種情況究竟能稱為「快樂」嗎？酒精成癮者就是一個重複痛苦行為的強迫性重複範例。

D也認為自己很自由，但從結果來看，她是在重複一種自我毀滅式的行為，這同樣是一種強迫性重複。就像即使知道這是種痛苦，卻仍然不斷重複的強迫症患者，這些症狀都有不會輕易消失的重複性特徵。也跟創傷後壓力症候群患者一樣，痛苦的回憶或場景會不斷生動地在腦海中上演，就連過去被認為是夢想、這輩子「渴望達成的成就」，都會變得有如痛苦的惡夢般一再重複，這些都是種強迫性重複，而這個問題也讓佛洛伊德花了很長一段時間思考快樂原則。

在經過長時間的煩惱之後，佛洛伊德認為人類潛意識裡，有讓一切回歸於無的「死亡本能」。在後來的精神分析歷史中，死亡本能有好長一段時間一直是爭論的議題，至今仍會因學派的不同，而有接納或不接納死亡本能的差異。顯見佛洛伊德認為強迫性重複的問題實在難以解釋，以至於必須導入這種在理論或臨床上難以證明的困難概念。

就像佛洛伊德經歷長久思考一樣，後世許多精神分析家也都傾注大量的努力以求理解強迫性重複。強迫性重複有許多種型態，而佛洛伊德將其大致分為四類：

第一類是「症狀型精神官能症」，也是強迫症最典型的例子之一。這類型的患者雖然對症狀感到很不舒服、很痛苦，卻會強迫性地收拾、洗手上百次或持續確認某件事情。

第二類是「性格型精神官能症」。主婦E只要稍稍被他人指責都會感到受傷；無論對方說的是什麼、無論指責她的人是誰。如果指責她的人是最親近的老公，她就會生氣，但如果是外人，她雖不會表現出來，卻會在心裡生氣並不再與對方來往。E自己也覺得過段時間再回頭來看這些話，就會發現其實不需要太在意，雖然的確會讓人不太開心，但實在不到需要老死不相往來的地步。

E有一個就讀國中二年級的兒子，她曾去參加兒子同班同學母親舉辦的聚會。有人對E開了個玩笑（雖然那是否算個玩笑要視情況而定），對方說「哎呀，〇〇真的很會讀書，根本就是模範生，真好！但媽媽好像把他管得太嚴了。」聽完這句話的E心想：「拜託，我哪有把他管得很嚴？而且妳幹嘛去管別人家的事情？」之後便再也沒跟對方來往了。

這類型的人對於人際關係中的對話或狀況會顯得過度敏感，所以沒有什麼親近的朋友。E總擔心別人會看不起自己、會鄙視自己而過得戰戰競競，也因此她總是很孤單，但她卻沒意識到是自己特定的行為模式讓自己變得孤單。

強迫性重複的第三個類型是「命運型精神官能症」。例如：在第一次婚姻中遭受嚴重家暴或因外遇而離婚的女性，後來會持續與相似類型的對象交往，就是屬於這個類型。或是一個人在面臨某種成就時，會下意識害怕成就或成功而找藉口逃避，進而使最終成就遠低於自己的能力或狀況所允許的程度；這也可以是一種「成功恐懼症」。至於第四類，則是持續把自己困在負面情緒中，不斷責怪自己的「憂鬱症」。

當我們面臨突如其來的失去時

在佛洛伊德持續與強迫性重複較勁的同時，他看見自己十八個月大的孫子恩斯特在丟玩用來整理毛線的繞線板。佛洛伊德觀察孩子把繞線板丟到角落，並高喊「消失了」，然後又踉踉蹌蹌地走過去發現繞線板，並開心地說「找到了」的模樣；這是在孩子的母親將孩子留在家中外出時所發生的事。佛洛伊德由此得知，母親長時間離開孩子，對孩子來說是一種可能造成創傷的情況，同時也發現孩子能藉由遊戲重現這樣的創傷，並藉由遊戲來克服壓力。在孫子的情況中，繞線板就是母親的象徵。

有趣的是，在與母親的關係當中，孩子是無法阻止母親離開的被動存在，但象徵母親的繞線板在眼前短暫消失，卻能使孩子變成主動的主體。佛洛伊德從孩子們的遊戲中，觀察到從被動狀態轉變成主動存在的「角色逆轉」（role reversal）現象。成人也一樣。尤其是在D這種有創傷經驗的人身上，就經常能看見角色逆轉的現象。

D在諮商初期，始終無法將自己對自由的強迫（她認為自己很自由，但沒想到自己有一種對自由的強迫感）和曾遭受性暴力對待連結在一起。而必須等到諮商進行一段時間之後，她才感受到自己在差點遭到性侵的狀況之下究竟有多麼無力，後來也意識到自己認為無力的自己很丟臉、很令人厭惡，並終於能將這一切以言語表達出來。她感覺到自己對自由過度執著，並認知到這樣的執著與自己差點遭受性侵的經驗有關，然後才慢慢減少問題行為。

現在她已能在情緒上區分清晰鮮明的過去與現實，並能藉由區分現實與過去，把過去真正送往過去再進行哀悼。在哀悼的過程中有兩點非常重要：一是將年幼時的恐懼、憤怒與羞恥等糾結的情緒團塊細分，並充分認知到心中有這些情緒的存在，再將這些情緒以語言表達出來。第二點則是認知到痛苦的過去會密切地影響著現在的行為。

事實上，我們也可以在診間以外的地方，看見人們透過角色逆轉與象徵化，進一步克服創傷的過程。

劍橋大學歷史學家海倫·麥克唐納（Helen Macdonald）的父親，是一名在倫敦工作的新聞記者，某天他因心臟麻痺而離世，而父親的猝逝令海倫措手不及，她感到憂鬱且消沉。她突然想起小時候偶爾會和父親一起去看老鷹的事，於是她決定領養一隻蒼鷹，並將其養在自己劍橋的家裡。她將這隻蒼鷹取名為「楓葉」，並嘗試讓牠適應人類生活的城市，同時也不失去在野外求生的能力；這是個非常困難的挑戰。經過無數的挑戰與失敗之後，她得到了悲傷卻感動的領悟。

就跟佛洛伊德的孫子恩斯特一樣，海倫在訓練老鷹飛出去再飛回來的過程中，重新體驗自己象徵化後的失去。

失去父親的體驗，對她來說是這個世界由不得她的不可抗力，但海倫藉著一再與

楓葉重新再體驗那份失去，嘗試主動控制創傷。後來她終於理解這個重複行為的意義，在楓葉長大必須回歸山林時，她也能更快接受這一次的離別。

所謂的哀悼，不是要求他人盡快遺忘

僅有極少數的人，能像海倫．麥克唐納在飼養蒼鷹的痛苦過程中發現自己的創傷，並透過創傷接受父親死亡的巨大失去再進行哀悼。實際上，有更多的人都跟D一樣，很難在不靠他人幫助的情況下，獨力從重複的泥淖中爬出來。或許創傷的強度、時機、各自的氣質或性格，都會影響人能否脫離創傷。尤其若在幼年時期經歷創傷，那就還要考慮當事人是否快速且充分地獲得適當的照顧與治療。

佛洛伊德在〈回憶、重覆與逐步化解〉這篇論文中說明，重複痛苦且病態模式的人和不這麼做的人之間有哪些地方不同，同時也闡明這樣一群人如何透過精神分析式諮商解決問題。他注意到很多個案都會記得或回想起創傷事件，或是與創傷事件有關的特定痛苦情緒，且無法將這些感受語言化，而是會不斷重複特定行為。前面的A和B就是經典的例子。另外，佛洛伊德提出在治療過程中，通常會發生兩件事：

首先，個案必須要與諮商師一起，探索那些長時間如膿包一般蓄積在心中，但當事人卻未能認知到的特定情緒（憤怒、羞恥心、無力感、挫敗感、焦慮等）。其次則是「轉移」。也就是說，諮商師對個案來說就像恩斯特的繞線板、海倫的楓葉，在諮商過程中將協助個案以全新的方式，重新經歷在事件發生當下，必須以非常被動且無力的狀態經歷創傷的體驗。個案會在過程中了解並學習自己與自己的關係，以及這世界上其他的可能性。

這不是偶爾才會經歷的「恍然大悟」，而是像小提琴演奏家為了登台而無數次重複演奏同一首曲子，個案必須在諮商期間不斷與諮商師一起練習，才有辦法逐漸進步。可惜的是，我們無法輕易與我們失去的部分分離。不，其實很多時候我們甚至無法接受自己的失去。所以我們需要一個空間，讓自己能接受失去並讓失去離去。**接觸失去的、失去後遺留下來的事物並不是浪費時間，當我們回想起失去的痛楚時，我們肯定會成長為更強大、更有深度的存在。**

就像喪父的海倫飼養楓葉並將牠野放一樣，任何悲傷都可以增加我們生命的深度與廣度。「克萊恩學派」是精神分析歷史上一個很大的學派，其創始人梅蘭妮・克萊恩把失去的適應過程大致分為兩階段：第一階段是「偏執分裂心理位置」（paranoidschizoid position）。在這個階段，人會完全無法接受自己遭遇的現實、創傷與失去。此階段的人會對世界充滿偏執的恐懼、憤怒與敵對感，「所有人對抗所有人的戰爭」（譯註：Bellum omnium contra omnes，這句是出自英國哲學家、政治學家湯瑪斯·霍布斯〔Thomas Hobbes〕在其著作中《論公民》和《利維坦》中，透過思維實驗創造的描述自然狀態中人類存在的拉丁語短語）就是此一狀態的特徵。而進行哀悼則代表從這個狀態，進入第二個階段「憂鬱心理位置」（depressive position）的意思。憂鬱心理位置會使人為自己的極限與失去而悲傷，同時也會區分並接受現實中可能和不可能的事。在憂鬱心理位置的階段，最重要的就是充分且深刻地為自己的失去而悲傷。

失去的時間與人並非過往遺留的碎片，如果沒有這些，那麼現在的我也將不復存在，所以這些都是非常珍貴的事物。為了讓自己不要在失去通過時變得粉碎或崩潰，我們需要讓自己盡情地哭泣、悲傷。

夢的解析

聆聽身心所說的每一句話

美國著名精神分析師兼精神科醫師葛林．嘉寶（Glen O. Gabbard）博士，提出了一個與夢有關的有趣案例。內容提到，我們平時難以意識到的潛在想法或情緒，都會透過夢境顯現在我們面前。

Ｆ是一位中年女性，她年輕的兒子患有肌肉萎縮症；這是一種身體肌肉緩慢萎縮，最後導致死亡的疾病。兒子死後，Ｆ陷入重度憂鬱並開始接受心理諮商。Ｆ原本是極度壓抑情緒的人，不過兒子死後她開始到收容多發性硬化等眾多絕症病患的療養院當義工。奇怪的是，兒子的死並沒有讓Ｆ感覺到任何悲傷。某天，她說自己做了個很短的夢，夢中她的指甲全都裂開。

嘉寶博士問她，心裡是否想到什麼與這夢境有關的事情，Ｆ說她想起兒子還活著的時候，為了要幫躺在床上動彈不得的兒子換尿布經常弄斷指甲的事。聽完她這麼說，諮商師便能立即掌握夢境代表的意義。「很多指甲裂掉，從某個角度來看或許反而是一種幸福的體驗，因為這也代表妳的兒子還活著。」聽完這個回答後，F默默抽泣了起來。

通往潛意識的路

佛洛伊德透過《夢的解析》這本重量級著作，嘗試在歷史上首度針對夢境做出合理且科學的「解釋」。直到本書出版之前，人們都還認為夢境是一種咒術。

他在《夢的解析》中解釋，「夢」是一種滿足願望的手段，也是通往潛意識的捷徑。過了一個世紀以後的現在，我們不再完全接納佛洛伊德的理論，現代精神分析理論透過長時間的無數爭辯與討論，並經過不斷修正與補強，建立起一套更為完善的理論系統，臨床上則以互補觀點來理解、運用佛洛伊德的理論。即便如此，還是有一些由佛洛伊德提出的核心理論持續沿用至今，例如：

第一，在探索人類內心時，夢仍然扮演重要的角色。此外還有內心的想法、幻想、失誤等也跟夢一樣重要。

第二，佛洛伊德把夢視為「願望的滿足」，這個觀點至今仍部分有效。只是佛洛伊德在《夢的解析》當中，嘗試將願望的滿足當成原理來說明夢與潛意識；現在則將夢、人類的心理及行為等，視為滿足原始欲望的本我、與現實妥協的自我以及相當於原則與內在理想標準的超我之間，在動態的相互作用與妥協後催生出的產物，這稱為「結構理論」。

第三，相當重視做夢者所產生的聯想。夢的解析法大致可分為兩種：一種是情節上的解析，另一種則是透過個案的聯想進行細節的解析。當長期的精神分析式諮商將要結案時，許多個案都會夢見諮商即將結束的暗示。

例如：一名即將結案的個案G，就說他曾經做過這樣一個夢：「我昨天做夢了，夢中的我還在讀高三。那時期末考已經結束，我自己一個人在走廊上呆呆地看著窗外，然後就醒了。」這個夢不需要解釋也很清楚，在諮商即將結案的時刻，夢到自己將從高中畢業，可以解釋成與即將結束的諮商有關。以這種非常表面的事件為中心來解釋夢境，就是情節解析。我認為即使不是主修精神分析的人，也對情節解析有一定程度的熟悉。

G在即將結案之前，並沒有感受到什麼特別的情緒。他解決很多自己遭遇的問題，雖然一開始對諮商有些超現實的期待，但現在他能以很現實的觀點來接受這一切。整體來說，他對當前的狀態非常滿足。不過這個夢的情節，還是帶給我們一點比較不同的感覺，而且他自己並沒有將這個夢與即將結案的諮商聯想在一起。當我說，這夢似乎與諮商即將結束有關時，G有點驚訝地笑了出來。「啊，的確有可能是這樣，我完全沒想到這兩者之間會有關聯。」後來才知道，即便他對當前的狀態感到滿足，但這段時間一直與諮商師一起討論、解決許多問題，未來將要靠自己的力量解決問題，令他感到很不安。他也發現要與在心理上認定為重要對象的諮商師道別，讓他感到非常寂寞與悲傷。

夢，究竟想說什麼？

事實上，就連那些被稱為預知夢的夢境，也有很大一部分是用情節解析來「解夢」。假設我是一個剛結束大學入學考試，正在等待放榜的學生，即將放榜之前，有個家人做了這樣一個夢：「昨晚我做夢了，夢到我搭火車去旅行。那是個陽光十分耀眼的秋天，天氣相當和煦。火車穿越草原向前奔馳，在那廣大的原野上，金黃色的稻穀都已經成熟，是豐收的一年。」

家人的這個夢被解讀成為我會被錄取的預知夢，幾天後我也確實收到錄取通知。佛洛伊德將這一類的夢境情節，命名為「顯性夢境」（manifest dream）。那麼G夢境中的「學校」、「考試」，又代表什麼意義呢？即便夢的情節很類似，但有些人會夢到教會禮拜結束，有些人則是夢到派對結束。而像G這樣獨處的夢，究竟又代表什麼意義？

在這裡，我們可以去思考眾多形成夢境的元素。佛洛伊德認為潛意識中的某種欲望，尤其是被禁止的攻擊性或性欲（在人類的眾多欲望中，佛洛伊德特別關注性欲），會以經過變造的形態反映在夢中。而這些潛藏在夢境之中的內容，佛洛伊德稱為「隱性夢境」（latent dream）。

為了分析形成夢的元素代表什麼意義，我們必須聽聽個案的聯想。從這個角度來看，夢的解析其實與詩作的解析過程有異曲同工之妙。就像同一個詞由不同詩人使用會有不同的用法一樣，若想知道人們夢中的元素代表何種意義，就絕不能缺少個案本身對夢境的聯想。

最後，佛洛伊德也認為睡前發生的事件、內心的想法或感受等，都會對夢造成影響。的確，現代腦科學已經證實，做夢時我們會將白天的活動或是學到的東西所代表的意義，在腦內進行一番整理。佛洛伊德生活的時期，人們對腦科學的知識實在不能和現在比擬，但佛洛伊德只靠觀察與直覺就能發現這個事實，並將這個觀點放入夢的解析過程中，他的洞察總是令我驚艷。

總的來說基於這個觀點，精神分析其實是將夢境當成一種連結，或一個具連續性的世界。白天的活動、想法與情緒會延續到睡眠，進一步將清醒與睡夢連結在一起。**現在的狀態會與過去的重要經驗有所連結；在日常生活中發生的事，也會與在諮商室內發生的狀況連結；有意識地思考、感受、行動，會與我意識不到的潛意識產生相互連結與影響。**了解這些內容以何種意義相互連結，就是精神分析最重要的過程。

當心境改變，夢境就會改變

開始精神分析式諮商後，經常能看到許多有趣的狀況。當諮商越談越深入、個案越是了解自己，夢的內容就會隨之改變。一般來說，心理上經歷的困境越巨大，夢就會越複雜、越難理解。之後隨著人對自我的理解加深，夢的內容便會逐漸出現一致性，這些夢在情節上也會變得更加具體且清晰。

很多人做的夢大多與考試有關，或是想做點什麼，但事情卻始終不太順利（我昨晚同樣也夢到自己在紐約的某個政府機關裡，要輸入密碼卻一直按錯數字），或開車時煞車不靈等等。從自我的層面來看，踩煞車的行為代表想控制什麼的意思，煞車失靈則意味著內心對控制感到困難或不安。從超我的角度來看，煞車失靈很可能象徵對自己的懲罰。從佛洛伊德的結構理論來看，駕駛與想實現某種欲望的需求有關，因為英文單字「drive」同時有駕駛也有欲望的意思。同時，駕駛也有想控制跟調整欲望的意思存在，只是這些觀點是否適用於每個人，就要透過具體的諮商才有辦法掌握。

H是名擁有專業技術的三十多歲男性，他的個性極度追求完美，也因為追求完美的心態總是不受控制地作祟，讓他在心理上承受巨大壓力。即便在諮商室裡，他也因為感到羞恥而難以將這些事情說出口。

他經常做與駕駛有關的夢。夢中的他在下坡路時踩煞車，但卻沒有什麼用，這令他焦慮並驚醒。夢中那股焦慮與不安太過真實，經常讓他在醒來之後仍會有一瞬間無法區分夢中的場景究竟是夢還是現實。他持續諮商了很多年，自我內心的欲望與幻想也逐漸變得平靜，但就在即將結案的前幾周……，他又再次夢到自己正在開車。過去的夢主要都是開一般的小客車，但這次他開的是大型巴士。夢中的他正在將大型巴士停入停車場，與過去的夢境不同，這次他踩下煞車，煞車也正常發揮作用，最後夢結束在他準確地將車子停入指定的停車格裡。

很多人會認為夢不具有意義。雖然個案心中所想到的一切，都會成為連接潛意識的線索，不過當我們想理解一個人的內心深處時，夢境仍是能提供許多豐富素材的重要關鍵。因為，**夢是人類潛意識發送給意識的訊息**。過度壓抑的欲望、未能實現的願望、挫折感與羞恥心、沒被認同的憤怒、深沉的痛苦等，都會透過夢境以間接的方式表現出來。只是夢所發送的訊息有雜訊，有時甚至無法拼湊成完整的話語，這樣一來自然難以理解其所代表的意義。如果能用心傾聽潛意識的聲音，把聲音拼湊成建構自我人生的故事，那我們就能更加了解自己。

不過部分人士，甚至是精神科醫師或提供諮商服務的人當中，也有許多人在聽完夢的內容之後，會直接搬出這些理論來斬釘截鐵地「解夢」。這就像認為夢只是一種與人心沒什麼關聯性的現象，認為夢的內容很「荒唐」的觀點一樣，都是我們必須警惕的態度。為了充分分析一個夢境所代表的意義，我們必須綜合考慮個人的生命歷史、當前的狀態、在諮商室裡談論的內容及個案的聯想等多層面的資訊。

關於夢境，我想引用我在紐約的一位老師所說過的話：「夢是進入我們潛意識最重要且最迷人的路之一，而我們在面對夢境時也必須無比謙虛。」

專欄 ❸

拯救一個人是有可能的嗎？

根據《三國史記》（編註：此為高麗宰相金富軾奉高麗仁宗之命所編撰的高麗官修正史，是朝鮮半島現存最早的完整史書）中的〈溫達傳〉所述，公主年幼時非常愛哭，國王就說要把她嫁給傻子溫達。

後來公主到了適婚年齡，國王想將她嫁給貴族，公主卻拒絕了。國王大發雷霆，便將公主趕出宮中，於是，公主去找溫達並與他結婚。她盡心盡力侍奉失明的婆婆，也教導傻里傻氣的老公溫達武藝和學識。在公主的幫助與教導之下，溫達有了一身出色的武藝。後來戰爭時，溫達成為高句麗軍的先鋒，擊敗敵人立下大功。

以上的故事，許多韓國人在成長過程中應該都至少聽過一次。平岡公主與傻子溫達的故事有如傳說，而無論史實究竟如何，很多傳說其實都是反映人類根本內心的故事。從心理學的角度來看平岡公主的故事，可以發現父親那句「要把妳嫁給傻子溫達」是一種遺棄的威脅，而教育、培養「傻子」（雖然不太可能是真的傻子）則是有如一種救助

（或救贖）的幻想。

受傷的人會彼此相互吸引

二〇二〇年最受歡迎的一部韓劇肯定是《夫妻的世界》，而這部戲其實就是現代版的平岡公主與傻子溫達。如果說平岡公主與傻子溫達的傳說，闡述了這段關係的理想形態，那麼這段關係中較為病態的部分，則是由《夫妻的世界》中的池善雨和李泰伍來詮釋。

池善雨是一名家庭醫學科的醫師，擔任高山地區一間大醫院的副院長。無論是工作還是生活，她的一切都完美無瑕，太過完美就是她的缺點，也因而被她自認為十分親近的友人嫉妒，進而被陷害。跟池善雨相比，先生李泰伍就是個不怎麼樣的人。他以搞藝術為名，靠池善雨養活自己，最後還讓外遇對象呂多景懷孕。外人或許會覺得池善雨的選擇或行為令人難以理解，但其實現實生活中真的有很多像池善雨及李泰伍這樣的情侶，只是情況和程度稍微有點不同而已，這可以說是一件非常諷刺的事。

平岡公主和池善雨最大的共通點之一，就是其深深的遺棄焦慮和源自於此的創傷。在自我功能還不夠成熟的幼年時期，無法對「妳要是再哭，我就不要妳了（把妳送去給傻子）」這句話一笑置之。孩子們經常無法理解言語的象徵性，也就是無法理解在很多情況下，威脅就只是威脅，很可能不會實際發生。尤其成人之後的平岡公主，依然清楚記得國王的威脅且信以為真，我們可以得知對幼年時期的平岡來說，「不要妳了」這句話很可能造成了創傷。當然，也並不是在成年之後，就能完美區分言語的象徵性與真實性。「一語成讖」這句話確實其來有自，但若過度執著某些言語，反而會讓人被語言的真實性所困住。

另外，這種對遺棄的焦慮與恐懼，也會出現在除了人類之外的幾種動物身上。焦慮與恐懼是人類所有情緒中最根本的情緒，很多傳說、民間故事、神話、文學、電視連續劇、電影，都會有被遺棄的孩子再度回來的故事；我想這或許是作者想透過這種方式，退一步重新體驗並克服那種焦慮的心情所致。

佛洛伊德把人類的焦慮依照心理發展狀態分成幾個階段，如：直接失去愛人的焦慮、失去重要之人的愛的焦慮、去勢焦慮等身體損傷帶來的焦慮，以及來自內在超我的焦慮等。那麼，回到連續劇中，為何池善雨會選擇李泰伍呢？

第一個原因是對遺棄的創傷與恐懼。池善雨在青春期這個人生中最敏感的時期失去父母，而且那起令她失去父母的交通事故，還很有可能是懷疑父親外遇的母親所策劃。池善雨瞬間成了被拋棄的孩子。從佛洛伊德的焦慮階段來看待這件事，池善雨在人生最關鍵的時期，失去了付出與獲得愛的對象。在體驗過這種絕對遺棄狀態的池善雨，她需要一個無論如何都不會離開、拋棄自己的人；需要一個一輩子眼中都只有她的人。對池善雨來說，那些看起來會永遠愛著自己的人，對她來說都是「很好應付的人」。當然，並非所有人都是這樣，不過我們可以在現實生活中發現，雖然很多情侶都明白地說：「對方看起來像是一個會只愛我、只看著我的人，所以才決定跟這個人結婚」，但若再深入探索潛意識，就經常能聽見他們坦承「當時雖然沒意識到，但現在回想起來，我只是選擇一個看起來絕對不會離開我、一個很好應付的人」。這樣一種遺棄恐懼會發展成為對完美的強迫，最常見的例子就是父母對孩子說：「如果不想被拋棄，那你就必須是個完美且善良的孩子。」

第二個原因則可能是援救幻想。因為意外而失去父母的池善雨，內心狀況十分複雜。經歷這種狀況時，很多人內心經常會產生一種無法救助他人的無力感。每個人產生這種無力感的原因都不太一樣，年幼的平岡公主確實也有受無力感影響的一面。當雙方處在同等立場時，某些玩笑或事件或許能成立，但當雙方產生明確的力量差異時，就經常會造成其中一方受傷或在心中留下創傷。這時造成的創傷，會對損害自尊造成決定性的影響。這樣的無力感或自尊受損，有時會反過來促使人產生一種自己無所不能的幻想。這種無所不能的幻想，會進一步成為強迫性的願望，使人想確認自己是否擁有能救贖、援救或照顧他人的力量。（這是一種潛意識的行為，當事人經常意識不到這種機制。若想要能意識、感受到這些行為模式，必須透過長時間的精神分析。）

除了無力感之外，通常還會有罪惡感作祟。發生不可抗力的創傷事件時，很多人，尤其是小孩的共通反應之一，就是從自己身上尋找問題的原因。也就是說年幼的池善雨心中，已經產生「是因為我做錯了什麼，所以父母跟我才會遇到這種事」的自責與罪惡感。從這個脈絡來看，池善雨是嘗試透過救贖李泰伍這個對象，以滿足父母意外事件所產生的無力感。從另一個層面來看，池善雨很需要像李泰伍這樣的人，這也是劇中另一個角色閔賢書無法輕易擺脫朴仁圭的原因之一。閔賢書相信，只要努力就能改變動不動便對自己施暴的朴仁圭，不過她的這種想法就真的只是「幻想」了。

除此之外，我們也可以思考一下援救對象身上的問題。從表面上看起來，池善雨看似是對李泰伍抱持著援救幻想，但換個角度來想，池善雨也可以是想取代無法保護自己到最後的父母，讓李泰伍成為自己並讓自己成為父母，從而透過這種方式來拯救內在的自己。

渴望一切完美的心態背後

韓劇《夫妻的世界》是以池善雨的這段獨白開場：「一切都很完美。」

池善雨為何會如此執著完美？她同時也非常執著於「原理和原則」，就連老公外遇對象要進行終止妊娠，她都能斷然對擔任婦產科醫師的朋友薛明淑說：「不行，這是違法的。」當然，墮胎或許有道德或法律上的問題，不過在那個狀況下稍微有點動搖原理原則，其實是人之常情；這已經不是「完美」，而是「頑固」了。在很多情況下過度執著於一件事，其實代表那個人心裡抱持著恰恰相反的想法。也就是說，完美主義者是因為內心有著對不完美的恐懼或不安，所以才會無法容忍稍稍有些不完美的自己。

那麼，我們回過頭來看，為什麼池善雨會對不完美感到如此恐懼？這很有可能與她年幼時期所感受到的罪惡感有關。在人的內心，尤其是潛意識的世界裡，什麼事都有可能發生。經典的例子之一就是夢境或孩子們的遊戲。在夢裡，我們可能輕易地被他人殺死或殺死他人，死人也可能很快又活過來，而在孩子們的遊戲中也是一樣的。

佛洛伊德認為這樣的內容，其實反映了人類最原始的內心。**在人類心中，愛與恨並非獨立存在的個體，而是像「愛恨」這個慣用詞一樣，愛與恨經常是相互混雜的兩種情緒。只是在人類的成長過程中，理性、認知、倫理與道德等概念逐漸發展成型，具攻擊性的心受到壓抑與控制。**在孩子的心中，父母可以是愛的對象，有時也是憎恨的對象。在孩子心中，憎恨的對象很容易死去再復活。當一個孩子被爸爸責罵時，孩子的潛意識便會輕易萌生出希望「爸爸消失」、「爸爸死掉」等想法。

而父母扮演的重要角色之一，就是充分容許孩子產生這種「壞」念頭，讓孩子知道那並不是那麼壞的一件事。為此，孩子令父母傷神時，別像天塌下來一樣難受或不安，也不要報復孩子。連一些小事都過度擔心的父母，反而很難成為孩子的情緒圍籬，因為孩子會認為父母的擔憂都是自己的責任。此外，包括過度體罰在內的嚴厲懲罰與報復，也都會對孩子造成不好的影響。

與此相對，若孩子內心的這些想法或願望，並沒有只停留在幻想中，而是真的變成現實的話將會如何？當某些想法真的實現，就會讓人感到巨大的恐懼吧？尤其青春期是攻擊性十分發達的時期之一，這時期的孩子會擔憂內心的攻擊性也許有可能實現，進而感到巨大的恐懼與不安。若在這個時期像池善雨一樣遭遇父母突然死亡的意外，那份罪惡感就會極大化。我們經常能在強迫症或思覺失調症患者身上，看見與此相關的極端案例。

一名個案不太能控制對父親的敵意與憤怒，他有走在人行道上時，絕對不能踩到線的強迫症。他內心不安地認為，若踩到人行道地磚之間的接線，就會發生什麼不好的事情，可能會讓父親生大病或突然死亡。雖然他感覺到自己心中有對父親的憤怒，卻沒能意識到那與想殺死父親的念頭有關；不過對父親感到憤怒之餘，他也經常擔心上了年紀的父親其健康狀況。這在精神分析式諮商中，是一種被稱為「反彈效應」的典型心理防衛機制。當心中出現難以被接納的情緒或想法時，這樣一種心理機轉便會讓人產生與之相反的感受。

我接觸的很多思覺失調症患者都認為，只要自己想開口說話，地球或宇宙就可能滅亡，這讓他們感到恐懼，所以始終不肯說話。對一般人來說，這種想法或許很不可思議，但其實我們經常能從日常生活中一些微小的例子，發現這種想法或許沒那麼稀奇。

我小時候曾在吃魚時，聽別人說過「在漁村裡，要是吃魚時把魚翻面，就很可能會翻船，所以我吃烤魚時絕對不會翻面吃」。相信這個說法的漁夫們，其實是一種沒能清楚區分內心想法與外在現實的典型。**當我們無法充分容許潛意識中的憤怒、怒火、嫉妒等負面情緒存在時，就難以打從心底接受「愛恨」是一種源自於我們內心的正常情緒，而這會使我們強迫自己必須成為「總是正確」、「總是很好」的人。**若從這個角度來看，池善雨這個名字其實也很有意思。對我來說，池善雨的名字讀起來跟「至善（極度善良）」很相似（譯註：在韓文中「池善」和「至善」發音相同），所以這也代表池善雨不得不完美掌控自己的心。

在池善雨這種情況下，強力的超我會被啟動。超我會使紀律內化，所以若超我過於強大，人的內心就無法容忍自己稍稍放縱或略顯散漫。這樣的超我會創造出完美主義者，並讓完美主義者產生源自完美主義的頑固。而當超我變得太過殘酷，生活就無法過得從容，很多完美主義者甚至無法容忍小小的玩笑。

《玫瑰的名字》（*Il nome della rosa*）這本義大利符號學家所寫的小說，描述發生在中世紀義大利修道院的連續殺人事件。聰明的修道士威廉，揭露了連續殺人事件的真相，其實是失明的修道士荷黑，將毒藥塗抹在亞里斯多德記述笑容與喜劇的《詩學》第二卷書頁上，進而讓閱覽這本書的人接連死亡。因為對荷黑來說，笑容與喜劇就是挑戰神權威的不潔之物。他認為笑容是虛弱、腐敗、展現肉身愚昧的行為，玩笑則是展現墮落想像力的產物；他害怕玩笑會成真，並進一步使他的中心思想崩潰。

現在，試想一下小孩子天真的笑容。我認為那樣的笑容絲毫沒有任何缺陷，其象徵著孩子們完全滿足於當下的情緒，而小說中的荷黑則是超我的化身，他認為那樣的情緒是必須徹底壓抑、管理的不潔之物。

一道裂痕就會崩潰的脆弱生命

諷刺的是，在《夫妻的世界》中，其實是一根不起眼的頭髮，宣告了池善雨的完美世界即將崩塌。那道裂痕為何會如此細微？會不會打從一開始，那道裂痕就不是「一小點」，而是如「梁柱」般巨大呢？會不會是「至善」徹底蒙蔽了池善雨的雙眼，讓她將那巨大的梁柱看成一粒灰塵呢？

五十多歲的主婦J是家暴的受害者。成長過程中，她家中沒有一天安寧之日。她父親是名成功的知識分子，在外總被稱讚是「好人」，對每個人都很親切。在他人眼中沒有人比J的父親更善良，甚至有些人會稱讚他是「不需要法律規範也能恪守本分」的人。不過這樣的父親下班之後，會讓全家籠罩在恐懼之中。只要家中稍有一點事情不順父親的意，父親就會立刻大發雷霆，而發怒的對象通常都是母親。

父親會對母親拳打腳踢，甚至會用高爾夫球桿毆打母親。他甚至有疑妻症；跟母親一起外出時，若母親不小心看了一眼路過的男性，回到家後父親就會把母親打到站不起身，這樣的生活簡直是人間地獄。但即便如此，母親仍開導J，不斷形容父親是多麼好的人。「他雖然常常打媽媽，但他本性很善良。」J總是感到混亂，她不僅恨父親，也恨偏袒父親的母親，而這種想法也令她產生嚴重的罪惡感。

J逃離家中之後，比身邊的朋友們都要早步入禮堂並開始組織家庭。她選的對象對她非常用心，每天都對她說甜言蜜語，也會寫信給她示愛。只要和這個人在一起，J就覺得自己擁有了全世界。無法從父母身上獲得的愛，感覺都能從這個人身上得到補償。不過J選擇的這個男人事事都不如她，工作不固定、一喝酒就會變粗魯，酒醒之後若J因為生氣不接電話，他就會到J的公司或家門口去乾等好幾個小時，甚至會日以繼夜地跪著哭求到J消氣為止，J的朋友都異口同聲地阻止他們交往跟結婚。

但J認為，這是誰都可能會有的「缺點」，她說「不會有事的」、「他是有幾個缺點，但卻是全世界最愛我的人」，而最後她的婚姻生活，就像自己的母親一樣，籠罩在先生發酒瘋與暴力的陰影之下。雖決心要過上與母親不同的人生，但不知從何時起，她卻開始重蹈母親的覆轍。她無法離開自己的先生，孩子還小時就想「等孩子再大一點」，等孩子到了大學又想「等孩子結婚」，歲月就這麼逐漸流逝。

第一次在諮商室見到她時，唯一能解決這場悲劇的方法，看似只有離婚一途，成年的子女也都勸她離婚。經過幾次諮商後，能看出她心中仍有年幼時經歷的遺棄恐懼、無法拯救母親的自責，以及對母親無法保護自己的埋怨和隨之而來的罪惡感等。當我建議她進行更深入的心理諮商時，她卻感到非常不安，最後諮商只能停在這裡。

遺憾的是，我們身邊仍有許多人過著像J一樣的人生。即便有個艱難卻明確的解決方案，最後當事人心中的某種恐懼，依舊會阻止當事人解決整件事情。

當然並非所有家暴受害者無法擺脫枷鎖的原因都跟J一樣，確實除了心理層面的因素之外，也很有可能是受到其他因素影響。不過以J的情況來看，離開先生就表示無法拯救他人，會讓她再次徹底陷入無力之中，同時她也害怕一旦離開先生，自己會孤家寡人，而正是這樣的恐懼，徹底阻止她做應該做的事。

第四章

終於獲得自由

面對「這種生活真的對嗎？」的問題時，
若感受到強烈的不安，
你可以去敲敲精神分析的大門。
比起獨自一人在黑暗中摸索，
有人陪你一起走，會比較不辛苦。
只要鼓起勇氣接納我，
不安與恐懼就會消失。

代理我

爲了尋找失去的自我

有些小孩超齡的彬彬有禮，且絲毫不會耍賴，這些安靜乖巧且行為堪稱楷模的孩子，我們通常會稱讚說「像個小大人」、「很懂事」、「深思熟慮」。雖然不能一概而論，不過獲得這種稱讚的孩子中，有很大一部分並不是精神上真的成熟，而是沒有得到那個年紀應得的東西、沒有經歷應該經歷的事物，才使得這些「小大人」，不得不戴上面具模仿大人。這就像一個七歲的孩子並不理解微積分的真正意義，只是機械式地不斷解題一樣。

從小就過度為他人著想的「小大人」，學不會如何適時為自我發聲。他們太早就熟悉壓抑自己的需求，只能長期在不知自己真正需求的情況下徬徨。看似深思熟慮且懂事的他們，其實內心並未成長，仍然是個孩子，而那個心中的孩子並不會隨著時間流逝而消失。在十年、二十年之後，那個孩子會成為無情的債主重新出現，而且這名債主不會具體說出自己的需求，因為就連他們也不知道自己想要什麼；他只會來到你面前，不斷重複要你交出東西來而已。

這名債主不知道自己究竟想要什麼的原因，大致上可歸納為二：一是在他們戴著大人的面具長大的過程中，從來不曾跟人分享、不曾思考過自己真正想要的東西。另一個原因，則是他們的內在、天真浪漫的一面未曾被完整接受，因此受傷之後，反而會使他們更努力不去脫掉成熟的面具。如果是後者，就可能與焦慮或恐懼有關，其中最常見的一種情況，就是認為把內心想法充分表達出來，就可能會傷害到他人的焦慮。

未曾被愛過就長大了的人

用最近的話來形容，A就是所謂的「媽朋兒」（譯註：「媽媽朋友的女兒／兒子」，源自媽媽經常會拿朋友的小孩跟自己小孩比較，稱讚朋友的小孩優秀乖巧，藉此要自己的小孩多多學習。後來衍伸為指稱「品學兼優又乖巧的好孩子」之意）。A有一個小自己三歲的妹妹，身為姊姊的她從小就不曾讓父母傷心，不需要人催就會主動去讀書，更在努力之下考上好大學；即使父母沒有特別要求，她也找了一個令人稱羨的工作。她是父母的驕傲，也是親戚朋友羡慕的對象，但諮商室裡的她卻截然不同。

她深受重度憂鬱症與暴食症所苦，且頻繁嘗試輕生，明明她的狀況非常危險，但她卻無法接受自己竟然有這種的問題。由於個性追求完美，她在職場上也經常被稱讚聰明、會做事，只是她心中無法容忍自己有任何一點失誤，稍一犯錯就會感到非常焦慮。下班後的A身心都無法放鬆，她總覺得自己的腦中好像有一顆引擎，無論白天黑夜都不停歇地運轉。

在諮商過程中，她也難以說出讓自己痛苦、難受的事情，她總會不斷重複說：「我覺得我很懦弱」。面對這樣的她，我們花了很多時間才開始談論她的戀愛模式。

她不太容易被一般的未婚男性吸引，會吸引她或是她想交往的對象，大多是有對象或已婚人士，也因此她的感情總是沒有好結果。她知道這個問題一直令自己痛苦，但身心卻不受自己的控制。

大約在她小學六年級時，父親突然病倒了，全家人陷入愁雲慘霧之中，徹底籠罩在父親可能隨時死亡的恐懼之下，完全無暇思考其他事情。她只記得當時自己感到非常恐懼，母親也手足無措地被恐懼擊垮。看在A眼裡，只覺得媽媽精神很不正常。她的母親非常依賴父親，如同全家支柱的父親突然倒下，導致母親就連日常生活都無法正常自理。年幼的A雖然也因父親倒下大受打擊，但沒有人能擁抱、支持她，甚至連期待有這樣的一個對象對她來說，也是一種奢侈。

過去，早上幫忙她準備上學，回家輔導寫作業、學習讀書的母親，如今成了面對什麼都無能為力的人。當A進入性徵發育的混亂時期，她也沒有能討論諮詢的對象。就連初經來潮時，她都無法向任何人學習該如何處理。幸好幾個月之後，A的父親稍稍恢復健康並出院，但此後她的母親有很長一段時間一直受到嚴重焦慮所苦。

此後，A無論什麼事都自己處理。她開始養成自己一個人完成所有事的習慣，不能讓父母擔心的強迫，或者，可以說是一種壓迫感在她的內心扎根。她不再像以前那樣只是個照顧妹妹的姊姊，反而像母親在照顧小孩一樣，對妹妹無微不至。父母稱讚她這樣的改變，卻完全沒人發現被稱讚的A抱持什麼樣的心情。

無法做自己

英文中有一個片語叫做「be oneself」，在英語圈經常用於要人「放輕鬆」、「有自信」的情境。不過對不是以英語為母語的我來說，這個片語給我的感覺更接近字面意義上的「做你自己」。不過這句話究竟是什麼意思呢？會不會是無條件且自在地接受自己現在的樣子呢？我認為這句話的意思，應該是不折不扣地接受自己現在的樣子。**我們是人，所以一定會有缺點，雖然會為了彌補自己的缺點或促進成長而努力，但不要用太過嚴苛的標準逼迫自己，那才是「做你自己」的真諦**。

人無法做自己的原因很多，其中之一就是像Ａ一樣，在遭遇人生重大創傷事件的過程中，情緒在自己或父母始料未及的情況下，未能充分得到照顧，再加上身邊有許多人稱讚自己是「媽朋兒」，而這樣的稱讚反而變成緊箍咒般的枷鎖。為了回應父母或周遭親友的期待，這些孩子無法過上讓自己滿意的充實人生，也有些人會像第一章曾提到的德語詩人里爾克或荷蘭畫家梵谷一樣，做出非常極端的選擇。

里爾克出生約一年半後，他的父母就失去了只比里爾克早了一點出生的大女兒。後來里爾克的母親索菲亞就讓他穿上女孩子的衣服，把他當女孩子般扶養，更稱呼里爾克為「我的小公主」。我們能輕而易舉地想像，年幼的里爾克在母親面前會是如何行動、如何說話。在沒有人指使的情況下，里爾克對執著於讓自己穿上女裝的母親說：「萊納是個沒用的孩子，我把那孩子丟到某個地方去了，當女孩子比較好。」

父母尚未完全消化大女兒的死，尤其對母親來說，里爾克是代替亡姐的一種「代理我」或「替代我」。這個代理我的「角色」，通常是代為實現父母對失去的孩子所抱持的夢想、希望與期待。梵谷的情況也是一樣。在他出生前一年，他的父母失去了第一個兒子，恰巧死去的孩子生日跟梵谷同一天，他們甚至還直接用大兒子的名字文森來為二兒子取名。繼承了死去哥哥名字的孩子，不是繼承鞋子或衣物，而是繼承了名字，確實會讓人擔心他在身分認同上可能遭遇的問題。最後就如同我們所知的，里爾克長期罹患重度憂鬱症，梵谷的結局我們也早已熟知。

我們每個人都背負著父母的希望與挫折、祖父母帶給父母的影響、在家庭內流動的情緒。若從這個角度思考，我們每個人多多少少都具備父母或家庭的代理我功能，而要衝破這道限制，建立屬於自己的認同與生活的方式，自然是一件不容易的大事。也就是說，我們每個人一出生就已經為了「活出自我」而面臨眾多課題。

不知滿足的債主回歸

B是所謂的「隱蔽青年」，他總是莫名覺得人生非常混亂、空虛，因此和父母一起來諮商。學生時期的他很會讀書，畢業於人人稱羨的大學，不過他的人生從來不曾為自己做過任何決定，總是聽從父母的要求、依照父母的期望。考大學時選的學校和科系也不是聽從自己的意願，而是選了父母理想的學校，科系則是依照「分數」選擇。

過去他同時上家教跟補習班，總是聽從別人的指示行動，上了大學後課業反而帶給他更大的壓力。除此之外，他也在人際關係上遭遇困難，因為沒有人告訴他在社團裡或面對學長姐、學弟妹時，究竟該怎麼行動才好。另一方面，他總覺得自己的人生必須「特別」，但他也無法具體說出什麼東西能讓人生變特別。

當我們談論到特別時，對話通常都是這樣：

「像你這樣成為醫生應該很特別。」

「這樣你就會滿足嗎？」

「但仔細一想，我也不知道當上醫生我是否會感到滿足，因為很多人都羨慕我現在的工作、我在做的事情。」

B活在比較之中；小時候跟哥哥、同齡的鄰居小孩比，國高中時跟父母朋友的兒子或女兒比。這樣的比較不局限於學業成績，還有飲食習慣、個性等，幾乎沒有一項不比。沒有胃口吃得較少時，就會被說吃東西裝模作樣、被說跟其他人相比太過消極等等。即便B其實就是別人口中的「媽朋兒」，但如此認真讀書也無法讓他免除「被比較」的命運。

大學畢業之後，他正式開始過起隱蔽青年的生活。他跟父母住在同個屋簷下，成天什麼事也不做，除了偶爾跟囉嗦的父母大吵一架之外，他幾乎不會離開自己的房間。他大部分的時間都用在玩遊戲或上網，但偶爾還是會瘋狂地感到空虛。

逐漸年邁的父母把大多數的時間，都用在餵養與擔心二兒子的事情上。這種過度的比較、過度的叨念，也是讓一個人無法「be oneself」的主要原因之一。比較與嘮叨當中，其實夾雜著「你錯了」的訊息，也因此聽著這些話的孩子，自然會在內心做出「因為我錯了，所以我不能做自己」的結論。

起初佛洛伊德認為，**受壓抑的心理衝突或問題最後都會再次出現，而那就是我們所看到的症狀**。例如：像A這樣，下意識壓抑沒能在必要時妥善處理的自然需求或心理問題（例如：匱乏感、憤怒、挫折感、羞恥心、挫折感等），就會產生一種類似吹氣球的效果，讓這些問題最終以某種形式回到我們面前。而當下意識壓抑的東西成為名叫「症狀」的債主回到我們身邊時，當事人並不會重新回想起當初感受到的情緒，這些症狀反而會像憂鬱感一樣，懲罰、攻擊自己，也可能以各種身體症狀顯現。有些人會像A一樣，自己一個人應付這名債主（症狀），也有些人會像B一樣，摧毀自己的人生並成為父母的債主。

話雖如此，有時候症狀不會造成情緒問題，而是會以生理形式呈現。尤其在情緒上幾乎完美壓抑，好像問題從來不曾存在過的人，就更容易在身體上出問題。

中年的C曾任職於大企業，他的一切看似非常完美，只是幾年前開始會有「暈眩感」，這種感覺近來越來越嚴重。C不僅難以忍受暈眩帶來的不適，更因難以控制自己的身體而不知所措。他看了西醫內科跟韓醫都沒有用，許多人勸他接受精神科治療，但他實在無法接受要去做心理諮商或必須服用精神科藥物的事情。他認為是因為自己的精神太脆弱，才會有人提出這種建議，但同時他也被茫然的不安席捲，覺得自己似乎失去對心靈、對人生的掌控力。

就連這樣的不安都讓C感到困惑，因為這表示他心中存在一些自己無法掌控的部分。他是個相當知性的人，很有條理地解釋了自己的狀況與當前面臨的問題。跟他對話時，我感覺像在讀一本井井有條的書，完全感覺不到一絲情緒，能看出他選擇「情感隔離」這種心理防衛機制，區隔並壓抑自己的情緒。

C不太會感受到悲傷、痛苦和喜悅，因為一直以來他都習慣把所有情緒壓抑、隔離在內心深處，以理性看待每一件事。他生長在一個非常虔誠的基督教家庭，一出生便受洗成為基督徒，父母都是在生活上循規蹈矩的良民典範。年幼的C是個調皮鬼，很愛說話，且容易因大人眼中的小事又哭又笑；父母完全無法理解他，不了解C為何無法對一些孩子們無傷大雅的玩笑或謊言，一笑置之。另外，當父母得知他從國中一年級開始自慰之後，就痛斥他被魔鬼附身，要魔鬼快點滾開；他們對此嘆息、感到擔憂，更日夜為此禱告。自此之後，曾經調皮淘氣的C開始變成過度穩重、深思熟慮且執著於理性的少年，父母則因為孩子終於懂事而感到放心。

C認為自己成長過程中遭遇的所有情緒問題，都完全獲得解決與控制，不過即使在情緒上獲得接近完美的控制與壓抑，那些壓抑在內心的情緒仍不會消失。他雖然不太會感受到痛苦，相對地也難以感受到喜悅等其他情緒。困擾他的暈眩問題，其實是來自那些壓抑情緒所造成的生理症狀。

當我們在想像心靈或潛意識時，心中總會浮現出一座火山的形象，所以內心發生某些問題時，便能想像成是火山爆發。然而，我們可以因為症狀或問題沒有浮現出來，就認為這座火山是死火山嗎？

找回遺失的自我

其實每個人都有如一座休火山，雖然沒有爆發、看似平靜，但火山口下方的某處仍有持續翻騰的滾燙岩漿。那些岩漿不會完全冷卻，隨時都有爆發或噴發的可能。即便我們透過哀悼充分探索自己的潛意識，休火山也不會成為死火山。死火山就是已經死去的火山，但每個人其實都仍然活在一定程度的需求、衝突與匱乏之中，而充分理解這些問題以何種形式存在於心中，會對能意識到的想法、情緒、行為、人際關係與人生的樣態造成什麼影響，就是人生最重要的課題。有時火山只有爆發一途，但在無預警情況下劇烈爆發的火山，會對周圍造成莫大的災害。精神分析可以說是透過對內心的探索，幫助我們熟悉如何在適當的時機點，以適當的方式，表達或調整個人需求、情緒與想法的過程。

比起做自己，我們更會強迫自己投射父母的需求與期待，成為人們心中的媽朋兒。我們始終認為壓抑自我、隱藏情緒才是美德，但用語言表達自己的需求與情緒，以及，讓需求與情緒赤裸地爆發是截然不同的兩件事。例如：現在眼前有一個深信怒火不能壓抑，一定要「爆發出來」才會暢快的人，這樣的人通常會認為發怒就等同於表達怒氣，但其實那些容易因生氣而遷怒無辜他人的人，內心大多都貧脊且荒蕪。在必要時生氣確實是必要的，但更重要的是用語言「表達」自己的怒氣。

精神分析的目標之一，就在於領悟如何將內心想法配合時間和情況，以適當的語言「表達」出來；必須說出自己的想法和情緒，才能明白對方有什麼要求、能提供對方多少幫助，或是在這個過程中必須抱持什麼態度。不過一旦省略這個過程，自己的需求與想法就會被壓抑在內心深處，也因為不曾表達過那些從未語言化的需求與想法，才會不知該如何說出口。

欲望是一種需求，而實際上需求也是一種缺乏。我們的心將過去應該獲得的愛、未能滿足的欲望視為債務，進而成為債主回來向自己索討。哀悼是最後的包容，包容象徵如實接受自己。如果你的心中有個債主，那你現在應該能夠看見他的存在了。

因為，我們已經長大成人。軟弱無力的幼年時期只能無奈地壓抑，但這次絕對不能再讓債主空手而歸。如同佛洛伊德所說，壓抑的一切不會隨著時間流逝而消失。情緒不會因為壓抑、視若無睹而消失無蹤；生命中的失去也不會因為省略哀悼過程而不見。現在，我們需要慢慢了解自己究竟壓抑了什麼、經由什麼過程壓抑、為何壓抑？我們為何拋開了單純天真的心，開始戴上面具？如果不戴面具會如何？脫下面具，以我原本的面貌示人為何如此困難？也許如今面具已經與我們的皮膚緊緊相連，即使想摘也摘不下來。而所謂原本的面貌，究竟又是什麼樣子？該怎麼做才能「做我自己」？所謂的哀悼，其實就是在回答這些問題。

英國精神分析學家唐諾・溫尼考特（Donald W. Winnicott）將這種不知不覺間真假難辨、無法區分面具與真實臉孔的狀態，命名為「假我」（false self）；而沒有遺忘自己原本的面貌，與他人擁有和諧的關係，無論做什麼事都不被外界評價或觀點壓抑，堅守自我的充實人生，則稱為「真我」（true self）。因為長期以來過於習慣面具的存在，因此脫掉面具這件事令我們感到十分不安，有時那甚至會讓人感覺真的像要剝掉一層臉皮一樣害怕、痛苦；而這也是哀悼為何困難的原因。

為了送走我們失去的事物，首先必須聽聽那些自己刻意想忽視的債主要說些什麼。雖然聆聽他們的話而開始哀悼時，其所伴隨而來的不安、害怕與恐懼可能會令我們遲疑不前。若在面對「這樣活著真的對嗎」的問題時，隨之而來的不安太過巨大，你可以去敲敲精神分析的大門。與其獨自一人探索黑暗的內心，不如找個人一起前進，反而比較能分憂解勞。如果你已經鼓起勇氣接納自己，不安與恐懼就會消失。

控制感

卸下心中的「防禦」

哀悼的最後階段是「接納」。**所謂的接納，是指接受人生中的失去會自然發生、是我們無能為力的事**。換句話說，接納就是透過專注在自己能掌控的事，接受自己無法掌控某些現實以降低不安，進而獲得繼續活下去的力量。這絕對不簡單，畢竟我們會因為無法掌控自我而感到恐懼，更會對未知的結果感到不安。我們為了接納受傷的自己，必須面對不安與恐懼等不想面對的情緒。

真正令我們害怕的，是失去控制感

年逾三十五的課長D，近來在辦公室總感到壓力極大，一方面是因為景氣持續不振，業績不佳帶給他很大的壓力，另一方面則是因為個性善變的部長只要被經營團隊斥責，以D為首的下屬就會成為洩憤的對象。其中個性敏感且非常渴望得到他人認同的D，承受的壓力比其他員工要大上許多。

某天在被部長痛斥之後，D留在公司加班到深夜，直到接近凌晨才下班。拖著疲憊不堪的身體等地鐵時，他突然感覺一股炙熱的氣息從身體深處的某個地方湧現，這樣的感覺持續了一至兩分鐘，接著他的心臟開始狂跳，那是他這輩子未曾經歷過的狀況。他全身冒著冷汗且喘不過氣，一股說不定會昏倒的不安襲上心頭。他當場坐了下來，並請求身邊的人提供協助，有人幫他叫了救護車，他被送往大學附設醫院緊急接受各項檢查，在打點滴等待檢查報告出爐時，他的症狀瞬間消失得無影無蹤，彷彿剛才的一切都只是假象。

這番「混亂」持續不到兩個小時，他實在不能理解自己究竟怎麼了，不過那股害怕自己會暈倒的不安過於真實，且也害怕可能會再次遭遇同樣的事。離開急診室後，他又輾轉到其他醫院做了幾次檢查，但醫生都說沒有任何生理異狀。

D的問題是典型的「恐慌症」。恐慌症最大的特徵之一，就是雖然身體健康沒有出現任何問題，卻會感受到彷彿要失去意識般的不安，或擔心自己可能會倒下、死亡的恐懼。恐慌症的核心病症，同時也是讓罹患此疾病的人最感痛苦的問題，就是害怕會失去身體或心靈掌控權的不安。為什麼失去自我控制感所帶來的不安，會使人如此痛苦呢？

控制感或許是人類最基本的需求。在身心發展過程中，對控制的感覺在生涯初期就開始發展，差不多是滿一歲半至三歲左右，排便訓練開始成為主要成長課題的時期；佛洛伊德將這個時期命名為肛門期。這一時期的小孩，會開始透過自己的身體（也就是括約肌），熟悉操縱、控制某些事物的原始感受與感覺。被狀況或他人的要求追趕而承受壓力時，很多人都會用「要剉屎了」來形容，這就代表肛門期烙印在身體上的感覺與身體的功能，對我們的心理機制帶來相當重大的影響。

「身體」可以代表生理，同時也能代表心理，**佛洛伊德以「身體自我先於心理自我」來形容身體結構或功能，對心理發展機制造成重大影響的現象**。他認為人類的心理，基本上是源自於身體與心理的接觸。包括排便訓練在內，肛門期所發生的每一件事，都會對一個人的性格形成造成重大影響。這時過度渴望控制的欲望如果太過發達，就可能使人的性格變得強迫、不知變通或吝嗇。此外，在這個時期，幼兒開始會站立、走路，並首次經歷到自律與獨立，同時也要面對排便訓練，以及與父母等主要養育者之間的對抗與衝突。

人類與控制感有關的夢境內容都大同小異，例如：與開車相關的夢、持續重複做某件事卻失敗的夢、失去重力的夢等等都十分常見。話雖如此，並不是夢境內容大同小異，就能做同樣的解釋，即使做了相同的夢，還是需要透過個別的諮商與分析，才能明確地掌握這個夢對每個人所具備的意義為何。

總之，控制感始自排便訓練，是與身體動作、舉止或移動等有直接關聯的問題。對狀況的控制感與生存息息相關，對關係的控制感也會對精神健康造成直接影響。因此，與控制感有關的感受，是人類發展過程中最原始的一環，所以控制感會對壓力等人類的心理或行為造成重大影響。眾所皆知，當某些事情的情況曖昧模糊或不明確時，就會帶給人類巨大的壓力。

在二〇〇八年《神偷、獵人、斷指客》這部韓國電影中，「斷指客」是讓我們感到壓力的主要原因。我們在面對某些情況時會以「不知該哭還是該笑」來闡述心情，也表達出人類對曖昧模糊的心理反應，這些都與失去控制感息息相關。

有些憂鬱症患者來到診間總會問：「我到底得了什麼病？」這一方面是因為他們對自己的身心遭受恐慌症襲擊感到混亂。有時候我們能診斷出患者有類似憂鬱症的症狀，但並沒有必要特地為症狀命名。這句話的意思是說，在某些情況下最重要的是患者「感到憂鬱、內心十分痛苦」的狀態，至於究竟是不是被診斷成憂鬱症本身，並不重要。即便如此，有些人仍相當重視醫師要明白說出「你罹患的是憂鬱症」，這是因為有了這樣一個病名，能讓他們感覺到情況似乎比較容易「控制」。

明知不能這樣，卻一再重蹈覆轍

與控制感有關的心理與行為問題，除了恐慌症之外還有其他幾種形式。

三十多歲的主婦E，今天也透過網路和電視購物買了東西。從浴室用品、食物到孩子的衣服等，她訂購的物品不分種類十分多元。她買的東西沒有很貴，問題在於這些大多不是必要的物品，品質也不太好，常常需要退貨，或是只用一次就放在角落生灰塵。因此，透過電視購物買回來的物品，多到幾乎可以塞滿一個小房間，讓她幾乎難以打開房間的門。

她每天都下定決心不要再買，卻又在不知不覺間按下訂購鍵。雖然在訂購時，她能短暫遺忘慢性的空虛與憂鬱，因為這就像送禮給自己，但貨物抵達時，卻又會有股失望感和後悔湧上心頭，她會提醒自己「該清醒一點」，並立刻退回能退貨的物品。

E的父親是個總被稱讚為「好人」但實際上卻是非常無能的人。父親總是輕易答應替別人作保，也曾經因此讓全家人吃了好長一段時間的苦。最後，原本擔任家庭主婦的母親挺身而出揹起債務，維繫一家人的生計。在這樣的情況下，身為長女的她便無法將內心的想法或期待說出口；因為她認為母親絕不會答應給她想要的東西，於是，她開始習慣壓抑自己的所有需求。

她之所以會對電視購物上癮，原因很多，其中，我們可以嘗試從控制感的角度來剖析。購物時會短暫失去控制感，退貨則又會再度取得掌控權，她經由這樣的行為模式重複「感受失控」與「重新掌控」的心理經驗，這與她的人生幾乎沒有一件事能由自己掌控的經驗有密不可分的關係。

一九九八年上映的美國電影《愛在心裡口難開》（As Good as It Gets），男主角梅爾文．烏戴爾是位罹患強迫症的作家，他給自己訂下規定，絕對不能踩到人行道地磚之間的縫隙，也絕對不能撞到人。因此他走路時總是小心翼翼，踩著搖搖擺擺的奇特步伐。到餐廳用餐時他會擔心餐廳的衛生環境，所以總使用自己隨身攜帶的塑膠刀叉。

強迫症是與控制感有關的主要疾病之一。我認為無論在什麼情況下，若個案遭遇過度極端的問題，肯定是因為個案覺得這個問題是肇因於自己的某些缺失。例如：假設一個人有類似強迫症的症狀，十分執著於控制感，那我認為原因就在於這個人對控制沒有自信，且對失去控制感到不安。在這部電影中，烏戴爾看似在控制外在的問題（人行道地磚的縫隙、衛生等），但關鍵並不在外部。他蹣跚的步伐與塑膠刀叉，其實都在告訴我們烏戴爾在努力控制內在情緒或人際關係。

對無形事物的掌控，轉變成對外在有形事物的控制，是強迫症最關鍵的心理機制。而之所以能減輕這種焦慮的關鍵，在於讓患者感受到不控制也沒關係、很安全。這部電影有趣的地方之一，是烏戴爾得以在這個充滿不安與控制的世界中慢慢褪下武裝，並不是人的功勞，而是來自他與鄰居家所飼養狗狗之間的關係；唐諾・溫尼考特將此對象稱為「移情對象」（transitional object）。

孩子出生在這陌生險峻的世界，原本接受父母的全力協助與影響，後來慢慢獨立並創造屬於自己的世界，並與新的陌生對象建立關係時需要的所有中間媒介，都可能成為移情對象。例如：嘗試一個人睡覺的孩子為了減輕不安與恐懼，會利用玩偶來取代父母，或是始終不肯丟掉有母親味道的枕頭等，都是經典的例子。

當人在面對陌生情況或對象時，會因為陌生而感覺現實失去控制或難以掌控，而移情對象能減輕這樣的問題，同時也能幫助我們感覺漸進式地取得控制感。在這部電影的設定中，小狗是能漸進式幫助烏戴爾降低不安的存在。從移情對象的觀點來看，諮商或諮商師可以說是重要的移情空間與對象。

對每個小孩來說，父母都是某種「練習」對象。在進入這個陌生且殘酷的世界之前，每個小孩都必須透過與父母之間的關係，經歷充分的支持與適當的挫折、衝突與妥協、合作與競爭等人際間所有必要的相處模式。從這點來看，父母和家庭確實是一種移情對象與移情空間。不過還是會有很多原因，造成人們在這個過程中無法充分獲得應有的體驗，甚至可能留下創傷。

放下自己，才能得到眞正的自由

創傷的最大特徵之一就是失去控制感，從這點來看，失去控制感的人，必須與相對安全的移情空間和移情對象建立治療關係，才能充分恢復；話雖如此，也有許多人連在諮商室裡都無法感到安心，表現出對失去控制感的巨大不安。在精神分析上，我們會將「自由聯想」或「沉默時間」視為對失去控制感的恐懼。

自由聯想就是來到諮商室時，盡可能不去控制內心浮現的想法、感覺或形象，任其自由來去，只是靜靜觀察並描述出來，再與諮商師一起商討其所象徵的意義。一般來說，四十五分鐘的諮商時間完全屬於個案，是專為個案而保留的時間。因此，如果沒有任何想法或感覺，個案也可以保持沉默不必說任何話，因為有時候沉默反而比一百句話更有意義。但很多人會對這種「順其自然」的思考與表達感到恐懼、不安，甚至許多人會要求諮商師訂一個主題，或是持續朝一個特定的方向提問。當這種狀況越來越嚴重時，偶爾會讓人分不清諮商，究竟是為了個案而做還是為了諮商師而做。

而之所以會發生這種情況，通常是因為順其自然這種行為，會讓人不安地認為似乎將要發生什麼脫離掌控的事所致。人心中的許多事物，打從一開始就不受我們的意志操控。尤其很多人認為自己一直以來都好好掌控著自己的內心，而這樣的人到了諮商室反而更容易有害怕失控的恐懼。

不過實際上在諮商室裡，沉默是另一個途徑，讓我們得以窺探一個人對控制感的態度。人心雖不是工廠裡的輸送帶、不是不停製造某些東西的機器，但仍有些個案難以承受這種沉默的時間，因為有時候沉默反而能讓我們更專注傾聽內心的聲音。根據我的經驗，諮商過程中若出現沉默，很可能會讓個案開始思考諮商師如何看待自己、會不會討厭自己、是不是該說點什麼，進而產生「不說話＝不事生產、浪費時間」的想法，讓個案持續感受到必須說點什麼的壓力；再更進一步諮商下去，經常會發現個案害怕沉默一旦延續下去，內心的某個黑暗面便會浮上水面，進而破壞、搞砸與諮商師之間的關係，自己則無法控制整個過程。

也有許多個案在諮商過程中，會給自己必須好好分配、控管時間的壓力。比起把諮商時間當成屬於自己的時間充分享受，個案反而會煩惱該說什麼並持續注意諮商時間，有時甚至會攬下應由諮商師負責的時間分配工作。但其實在這一次諮商中無法說完的事情，必要的話，可以在下一次諮商時繼續說下去。

在我們的人生中，時間是最具代表性的控制手段與對象。諮商中對時間控制的欲望，其實與對諮商師及其關係的控制欲望並無二異。對於在與父母關係中經歷許多控制或失去的人來說，失去控制經常象徵著被拋棄。從這個角度來看，他們會擔心若是不好好控制自己的時間、掌控與諮商師的關係，就可能再度遭遇另一次拋棄，似乎也就不那麼難以理解了。

因此，許多個案會在諮商時間快結束時，選擇一些隨便的話題來拖延時間，反而不是保持沉默或說些自己真正想說的事。由誰來結束這段時間的控制問題，對這一類個案來說變成重要的議題。在這樣的情況下，即使諮商費用是由個案支付，還是會讓人不禁對這諮商究竟是為誰而做感到疑惑，這就相當於為了獲得控制感，而刻意割掉自己的一塊肉一樣。反過來想，這也象徵著這位個案心中有著與控制感有關的巨大創傷。

我經常覺得諮商就像學游泳、學衝浪。想讓自己浮在水面上的最佳辦法，就是別費力去控制水和自己的身體，而是將身體交給水或教練，因為越想控制，結果越會與你的想法背道而馳。

也許精神分析式諮商，是學習如何真正控制自己的內心、身體與外在世界的過程。不過，要完全卸除自己的「武裝」，充分將自己的心交給諮商師，並與諮商師一起認真傾聽內心洶湧的想法、感受、記憶、形象，是一個放棄控制，才能熟悉控制感的矛盾過程。

尋找能暫時喘息的地方

二〇一七年掀起話題的韓國小說《八十二年生的金智英》中，主角被其他人格附身並吐露自己的情緒。她短暫出現看似用其他人格思考、說話的行為之後，就會失去這段時間的記憶。小說中提到，主角這種症狀在精神醫學上稱為解離性人格障礙，這是一種發病率不到百分之一的罕見疾病；「解離現象」（dissociation），其簡單來說，就是對自我的認同出現問題。

自我認同，是我們對自己堅定的想像。比起說是一種對自己的刻板印象，更應該說是不容易被其他價值體系輕易動搖的存在；可以說是一種個人標準，讓我們知道自己吃什麼東西時會感到快樂、待在哪裡會感到放心、跟誰見面時會覺得幸福等，再擴大來說，是我們想如何充實自我生命，專屬於我們自己的想法。

人要維持自我認同並不容易，眼前就有社會的標準需要我們服從。例如：即使不是媽朋女、媽朋兒，也必須是值得父母驕傲的孩子、必須是好媽媽、好爸爸或有用的員工。當然，努力追求這些標準並非壞事，只是過於投入社會所要求的形象，會使人誤以為社會成就即是自身成就或自我認同。在這個過程中，許多人活在與自我內在狀態完全切斷聯繫的狀態下，甚至無法意識到該聯繫已經斷絕、是經歷什麼過程而斷絕，以及為何斷絕。

我的角色比「我」自己更重要

剛邁入五十歲的美國企業家F，用英文來說就是個「womanizer」，也就是所謂的花花公子。他的父親幾年前因癌症去世，已故的父親是個容易對每件事都感到不滿的人，總是在批判包括兒子F在內的所有家人。

F的哥哥罹患嚴重的注意力不足過動症（ADHD），而且還有亞斯伯格症候群（一種嚴重缺乏社會性的自閉傾向）、憤怒調節障礙等諸多問題。F從小雖經常被哥哥打，但到了青春期體格開始比哥哥更魁梧後，他就再也不怕哥哥了。不過，他很害怕如果在哥哥動手時還手，潛伏在心中的攻擊性會完全失去控制，所以他總是忍耐。如果跟其他家人抱怨對哥哥的不滿，家人會勸他：「就不要跟他正面衝突吧！他是因為生病才這樣。」

F安靜且聽話，他花更多時間聽別人說話，而不是表達自己的想法。家中所有人看起來都很不幸，年幼的F則聆聽這個家中所有不幸的人說話，並為他們進行仲裁或諮商。至少從F的立場來看，他認為自己是這樣的一個角色。

另外，他是個十分聽奶奶話的乖孫子，也是個不會對父親神經質反應表達不耐煩的好兒子；對事事都要操心的母親來說，他更是值得依靠的兒子；對哥哥來說，這個弟弟則是自己在學校被霸凌、在社區裡被嘲笑時的保護者。由此可見，F一直以來都是「某人的誰」，但從來沒有人關注他、了解他的想法。長大後他與許多女性來往，他有著總是必須扮演「強悍」男性，必須滿足女性性需求的強迫感，但這樣的異性交往大多都是一時的。

F與一個人交往的期間，也會持續和其他女性來往；他無法和同一名女性交往太久，而且無論跟誰交往，他都無法體會名為「愛」的情緒。他的一名女友曾經問他：「你愛我嗎？」而他回答：「不。」他一直讓自己陷入孤獨，卻又不知道真正讓自己孤獨的人就是自己。因為，他甚至感受不到「孤獨」這種情緒。對他來說，愛情是一種宛如捉迷藏的「遊戲」，被誰抓住就必須逃跑，逃跑躲起來後再由他人來找到自己。不過這種持續不斷的捉迷藏遊戲，其實也反證了他心中與他人連結的迫切渴望。這種渴望連結的感覺，也許是人類最基本的需求之一也說不定。

有一部以真實故事改編的電影，就以非常極端的方式呈現了這個需求。

第一個抓住搖擺的我的連結

十多歲的高中生法蘭克是個天生的騙子，他轉學到新學校第一個星期就假裝成老師，長大後，還假裝成機師搭乘免費的飛機；後來也輾轉往來於全球各地，開出高達上百萬美元的偽造支票。法蘭克的父親已經破產，他的母親則與父親的朋友外遇，這段婚姻最終以離婚收場，只剩法蘭克獨留在這個世界上。劇中有一句台詞，簡單明瞭地表達出他這種物理上孤身一人與情緒上的斷絕狀態。靠著偽造支票的詐欺犯罪變成百萬富翁的法蘭克對父親說：「請阻止我。」父親則說：「你不會停手的。」

法蘭克身邊，沒有一位會在他做壞事時勸阻他的人，父親甚至以這樣的他為傲，也因此以法蘭克為主角的電影《神鬼交鋒》（Catch Me if You Can），原文片名聽起來並不像「如果你能抓到我，就來試試看吧」，反而更像是「請來抓住我吧」的哀求。我們也可以從詐欺犯法蘭克與FBI探員卡爾的關係，看出捉迷藏的形態。捉迷藏最基本的規則，不就是鬼要放棄抓人遊戲，才會終止嗎？

卡爾絕對不會放棄抓法蘭克，他們倆人的關係是推動劇情發展的重要特徵。法蘭克在聖誕夜打電話給追捕自己的FBI探員卡爾，這個藉由細長電話線將兩人連結的場面，是劇中最具象徵性的一幕。對彷彿獨自遺留在廣袤宇宙中的法蘭克來說，這條電話線有如連結母親與嬰兒的臍帶。卡爾對法蘭克產生憐憫之心，便協調讓他不要坐牢，而是以支票偽造專家的身分為聯邦政府工作，幫助法蘭克感受到人性上的信賴，這也使得法蘭克最後即使擁有其他逃跑的機會，最終仍沒有逃跑。法蘭克透過電話線與卡爾連結，卡爾是他通往世界的唯一途徑，透過這條連結，法蘭克的人生終於得以改變，以支票偽造辨識專家的身分展開了新生活。

曾任小兒科醫師的著名英國精神分析學家唐諾．溫尼考特曾說：「這世界上沒有小孩。」這句話的意思是想要強調，年幼的小孩與母親或父母分離之後，將無法獨自存在。與父母之間最初的物理、情緒連結，就成了我們度過漫漫人生的基礎。而這樣的連結感，也必須確保我們能獲得充分的獨立性、自律性、心理領域。如果在捉迷藏當中，鬼喊出「快躲好吧」卻沒有出發去找躲起來的人，那麼遊戲就無法開始。鬼的消失是一種連結的解除，換句話說，就是「斷絕連結」（disconnection），最重要的是躲藏的人也必須要有足夠的時間和空間，去尋找自己「要躲的地方」。

幼年時期經歷的充分連結會成為一種基礎，於未來人生中的多個領域，以不同的方式讓生命感到滿足。這些經驗能促使我們理所當然地在與他人的關係中，建立情緒交流、和諧相處並對生活經驗產生影響；也會讓我們在觀看宗教、文學或藝術作品時，能與其中的對象合而為一，產生無限感動。

一九二七年法國作家羅曼．羅蘭（Romain Rolland）寄給佛洛伊德的信中，就曾提及感受到宗教上的一體感與歡喜，並請佛洛伊德將這種感覺放入心理考察中。羅蘭把這種在宗教上產生一體感的時刻命名為「海洋感覺」（Oceanic feeling），他在信中是這麼寫的：

「我希望你能對『自發性的宗教情緒』，更精準地來說是宗教的『感覺』有更多精神分析上的考察。簡單來說，就是像永恆性或海洋（ocean）那樣，沒有任何界限的一種感覺。」

佛洛伊德說，這種海洋感源自孩子出生之後，在心理與生理上，皆認為不能與帶給自己無限滿足的母親乳頭分離的狀態，也就是源自一種無界限狀態的感受。從孩子的立場來看，這樣的一體感會在經歷挫折（例如：肚子餓的時候奶水無法填飽肚子）、感覺自己和他人出現區隔與界限時逐漸降低或消失。而在宗教上產生一體感的瞬間、在欣賞文學與藝術時產生的滿足，或許也與這種生涯最初的感受與經驗有所關聯。

韓國作家尹大寧的小說，就經常讓我們看見因小小的偶然、人性的缺陷、誤會等經歷斷絕與失去的主角，在歷經千辛萬苦後的某一瞬間，或因為某些契機再次體驗到恢復連結的感動場景，例如：他的短篇小說《大雪注意報》中，所描寫的一對男女的日常生活故事。

這對曾經相戀的男女因誤會而分開，男方是一位中年的雜誌自由撰稿人，女方則在東草經營藥局，過著不怎麼幸福的人生。他們的重逢因日常生活中不斷的偶發事件而多次歷經挫折，終於在十年後發布大雪注意報的那天，在一座寺廟的入口感動重逢。我們無法得知若在現實中重現這對男女的人生，究竟會是什麼樣子。現實中的我們是否真能將過往回憶珍藏、解開誤會、將久別重逢的時刻放在心底並真正與對方道別？還是這樣的重逢，只會帶我們走進另外一條死路？沒有人知道結果究竟會如何。不過就先讓我們拋開現實倫理，只從小說裡的情節設計來思考吧！有發現嗎？不考慮現實問題之後，便會覺得兩人的連結變得感動無比。我們可以從小說的第一句話，看出這種與特定對象或世界的連結所帶來的感動餘韻：

「有種雖然沒有時時想念，但總有一天會再次找到彼此，屆時便會感到就連分開都毫無意義的關係。」

別讓滿盈的經驗化作恐懼

F總是將他與一般女性之間的關係，套用在他與諮商師的關係中。在諮商過程中若感覺與諮商師的距離稍微拉近，F就會多次未提前告知就缺席。諮商師感覺F像在玩捉迷藏，當然這整個過程的情緒消耗比捉迷藏要多上許多。諮商師一直很努力想理解他的心，一天，F引用了唐諾．溫尼考特的話：「在無盡世界的海邊，孩子們玩樂著。」（On the seashore of endless worlds, children play.）

詢問他有關這句話的事，他卻用或許可以說是與溫尼考特正好相反的脈絡來解釋。他描述關於無限所帶來的龐大壓力、也許會被捲入無盡世界中的恐懼，以及玩耍的孩子們所感受到的孤單。他無法感受到巨大海洋帶來的純粹滿溢的體驗，取而代之的是掉入海洋之中，彷彿將要窒息、消失的恐懼。

在那一刻，諮商師認為Ｆ的這些感受，其實是源自幼年時期家庭的責任重擔、深不可測的內在攻擊性等衝動，以及害怕自己若與諮商師建立起隱形的關係，自己便會陷入其中的恐懼。同時，諮商師也認為Ｆ是為了擺脫這些恐懼才會玩捉迷藏，並為此付出名為孤獨的代價。諮商師小心翼翼地說出自己的想法，並詢問Ｆ在諮商中、在與諮商師的關係中，是否也曾有這樣的感覺。諮商師說完後沒過多久，Ｆ開始哭了，那眼淚彷彿代表他長期累積的恐懼與孤單終於滿溢出來。在那一瞬間諮商師與Ｆ、Ｆ與Ｆ內心深處的某些事物連結在一起了。

後來Ｆ的諮商過程雖依舊經歷大大小小的困難，但Ｆ在面對諮商師時終於不再繼續玩捉迷藏，也不會再主動阻止自己能獲得幫助的機會。

事實上，每個人內心都存在某種斷絕，只是程度上有所差異。**而與內在的斷絕不僅會讓自己與自己的關係造成影響，更會讓一個人與外部世界、與重要的對象之間的關係形成一定程度的斷絕**。當斷絕越來越嚴重，人自然會難以忍受自己原本的需求、情緒與心靈的狀態。斷絕的部分會彼此產生衝突，在這個狀態中就很難擁有感到人生充實的體驗。

一個人若對自己的人生不滿足，就不會從外部世界、從與他人的關係當中獲得滿足。而精神分析的過程，就是與個案一起了解斷絕是基於什麼原因、如何發生，並對現在的內心、行為與關係造成什麼影響，再進一步找出解決之道。唯有在與諮商師形成具安全感與信賴的關係之下，才有可能達成此一目標。

詩人徐廷柱曾說：「萬不得已時，便會想起故鄉。」這裡的故鄉雖是實際存在的地點，但同時也隱喻了內心與自己產生最根本、最穩定連結的空間。諮商或許就相當於這種心理上的故鄉，是一個發現並創造什麼的過程。

韓國評論家申亨哲在對收錄《大雪注意報》的同名小說集相關解說中，將書中那些戲劇性的時刻，命名為日常生活中的「庸俗救贖」。在這裡的「救贖」並不是耶穌再臨、復活或解脫等偉大之意，而是使我們在日常生活與人生充實的想像世界中，短暫遇見自己的內在、世界以及與他人連結的瞬間。

面對

人生無法重啟，但可以修復

「我想重啟我的人生，重新開始。我的人生從高二開始變得很不如意，希望至少能將那之後的人生清除，從頭來過，這樣我會更認真讀書，也能考上理想的大學。我不知道自己選的這個工作是否真是我想要的，如果我考上醫學院當上醫生會怎樣？還是考上法學院通過國家考試呢？我爸媽沒有多餘的經濟能力能支持我，他們學歷不高，所以我在決定未來發展時無法聽取他們的建議。婚姻也一樣。雖然我不後悔跟我太太結婚，但當我自問現在是否真的跟心愛的人生活在一起時，我總會無法給出肯定的答案。」

這是四十多歲的G在諮商初期所說的話。就像電腦「重新啟動」一樣，經常能聽到他在諮商室裡，談論希望人生重新來過的想法。在那些有強烈輕生衝動的患者中，也有不少人會想要重啟人生。「我想把人生清理得乾乾淨淨，這樣應該就能重新開始了吧？我覺得好像沒有別的方法了。」

然而實際上，眾所皆知（至少理性上大家都知道），我們根本做不到重啟。

如何放下「後悔」的執念？

包括重大創傷的倖存者或憂鬱症患者在內，許多人經常會以「當時就應該這麼做」的觀點，來看待過去的事情，且難以擺脫對過去事件的執著。聖水大橋崩塌意外的倖存者中，就有許多學生自責說：「媽媽叫我起來時我就應該立刻起床出門，這樣就不會遇到那件事了。」不僅是災難倖存學生，許多人在經歷撼動人生的重大創傷後，也都會花很多時間後悔、自責並希望回到過去。

人們對重啟的期望其實出乎意料地常見，例如：改變想法或剃頭之類的行為，雖然還不到想重啟人生的程度，但其實也相當於是一種對重啟的期待；用更專業的方式來說，這就是某種將心理問題置換成外在具體的方式，是一種稱為「外化」（externalization）的防衛機制（雖然可以理解這種心情，但頭髮是無罪的啊）。經典好萊塢電影《回到未來》等許多與時光機有關的電影，其實都是透過幻想體現這類重啟需求的例子。

此外，電影《初戀築夢一〇一》也讓我們看見重啟與修復的意義，展現出嘗試解決人生創傷或傷口的態度。分手過了約十五年之後的某天，瑞英突然來找已經當上建築師的勝民。瑞英突然提起十五年前勝民說要幫忙蓋房子的事，並要求勝民為自己設計房子。在精神分析上，房子經常象徵人的自我或內在，而在這部電影中，房子可以看成是主角許久以前就受傷的心靈與人生。勝民提出一個簡單的解決方案，就是把瑞英廢棄的老家拆除，並在上面重新建一棟房子；拆除舊家蓋新家，其實就象徵著重啟。

瑞英看了勝民帶來的新家設計圖，便碎唸了一句「感覺好陌生」。瑞英只想翻修老房子，這象徵的不是重啟而是修復。有段時間，勝民與瑞英因房子的設計方式產生衝突。勝民認為要拆除舊家蓋新家比較簡單，他完全無法理解瑞英想修復的態度，但某天勝民遇到一件小事讓他改變了想法。

大學時期，勝民因為無法保護醉酒的瑞英被學長欺負、畏畏縮縮不敢站出來而自責不已，並為了洩憤丟掉自己的「GEUSS」T恤，但後來卻發現那件衣服被媽媽揀去穿了。媽媽不穿新衣，而是繼續穿那件舊衣的行為，廣義來看也是一種「修復」；看見逐漸老去的媽媽穿上那件被自己丟掉的衣服，勝民的內心起了一些改變。

晚餐後心亂如麻的他走到門外一直抽菸，過去出門丟衣服時，勝民曾經用腳踢了大門，這次他突然發現當時被自己踢壞的角落。他已經忘記自己何時開始不再與父母同住，但他卻直到現在才發現這個他成長、居住很久的家有個壞掉的角落，而媽媽仍然住在這裡。十多年來持續經由這歪掉的大門進進出出，她難道都沒有發現嗎？她肯定注意到很多次，但身為當事人的勝民卻要到十五年後，直到現在才終於注意到壞掉的一角。

實際上，諮商室裡也經常發生類似的現象。個案會一個月一次、兩個月一次，或是每個星期都來接受諮商。意外的是，他們經常會發現諮商室出現了新家具、新相框或新紀念品。但他們其實不是發現一些原本藏起來的東西，而是注意到本來就很顯眼的物品。

「啊，原來這裡有這個嗎？這是最近買的嗎？」

「不是，這原本就一直在這裡。」

「真的嗎？真的嗎？我都不知道。真的都不知道，這東西一直在這，但我為什麼都沒發現？」

之所以會發生這種情況，我想大致上可以歸納成兩個原因：一是他們從症狀或內在的束縛中獲得自由，因此視野也一點一滴地開闊起來。過去他們困在某些心理問題中，沒有餘力好好觀看周圍的事物。事實上，除了周遭的事物之外，一個人的內心開始有餘力之後，也會更能注意到身邊的人的心情、對方的立場。第二個原因，則是心理防衛機制的運作，阻止了他們意識到眼前的事物。大門壞了超過十年，勝民早該注意到才對，但他卻從未認真看過這扇大門，也很有可能是因為心理防衛機制的作用。歪掉的大門就像一面鏡子，映照出過去不成熟的勝民，而看見並認知到這件事本身，就足以喚醒勝民心中痛苦、羞恥的情緒，於是他的內心會有個部分啟動心理防衛機制，讓自己看不見這件事；即便真實就擺在那裡，也會讓人渾然不覺的防衛機制就稱為「否認」。

我們經常能在生活中看見「否認」這種機制。美國前總統川普便曾在宣傳造勢的場合上，說道：「做越多篩檢，就會有越多新冠肺炎的確診患者，我們必須放慢篩檢速度，放慢篩檢速度才能減少確診數。」這番發言就是一種典型的否認。川普前總統的例子雖然有點極端，不過其實就連很多認為自己沒什麼問題，生活過得很好的人，也經常會使用這種防衛機制。

接受真實自我的修復

「發現」大門歪掉的勝民哭著修好大門，而他的哭泣代表什麼意思？我認為，那是他與許久以前的自己和解的眼淚。勝民一直無法正視自己內心的傷，也無法接納真實的自我。他無法面對久遠的過往，總是活在緊繃的狀態中，而如今他終於能接受自己，也化解了一直以來的緊繃。

修好（修復）歪掉的大門後，勝民終於能理解瑞英說要整修（修復）的要求。他稍微理解了自己經歷的內在困難，也對自己更加寬容，同時更能從對方的立場理解他人的內心與需求。

《初戀築夢一〇一》這部電影，精彩呈現出修復的意義。希望所有事情都能從頭開始的重啟，在物理上不可能達成，而且當我們在觀看自己的人生時，雖然都會立刻看到壞事，但仔細一想就會發現，其中也有許多好事，而重啟會讓我們為了重新填補那些遺憾、惋惜的事物，一口氣刪除一直以來累積的好事與想法。記得，即使受的傷再重、創傷再大，仍可透過修復來讓人生化險為夷；即使面對相同的情況，只要內心的態度有所改變，結果就可以截然不同。這不光只是改變，修復之後更可能讓事情變得更加美麗，電影後半段的一場戲，便透過「混凝土蓮池」讓我們看見修復的珍貴之處。

勝民與瑞英為了考察前往瑞英在濟州島的老家，兩人發現空蕩蕩的混凝土蓮池中，有一個很不吉利的足跡。瑞英說：「小時候我在水泥未完全乾掉之前就踩進去了，當時還因此哭得很慘。」年幼的瑞英、當時建造這棟房子的大人，是不是都不想用新的混凝土蓋掉這個不吉利的足跡呢？如果把年幼的瑞英在水泥乾掉前踩出的痕跡，重新用混凝土蓋掉的話，還能夠創造出這個印有小孩子的足跡，全世界獨一無二又小巧可愛的蓮池嗎？混凝土蓮池給了我們現在討論的主題一個啟示：許多東西無法透過重啟，只能透過修復來獲得。

人也是一樣。**每個人都同時擁有優點與缺點，雖然很多人都將兩者分開來看，但其實我們的優點與缺點不會獨立存在**。某個特質在某些情況下可能是優點，也可能是缺點，例如：敏感謹慎的人或許會認為這種個性是缺點，但同時也可以是仔細與小心。雖然我們活在一個推崇樂觀與正向的世界，但換個角度來看，這些態度也可以是不慎重、不深思熟慮。由此可見，要把個人認為的缺點完全改掉，幾乎可以說是不可能，這就像是現在有兩個共用一個身體的連體嬰，但我們卻在沒有事先規劃的情況下，隨意將其中一個頭切除一樣。

除此之外，在某個層面上，重啟其實也包含了攻擊性。攻擊性可以視為源自於對自身情況、父母，或自己本身感到失望和幻滅進而產生的挫折反應。就像前面提過的，最為極端的重啟渴望就是輕生。重啟這個銅板的正面是「渴望」，背面則是對狀況無法如意而產生的挫折感、憤怒與攻擊性。當這樣的攻擊性轉向自己，最後就會開始攻擊自己。憂鬱症、自殘、輕生等，都是一種對自我攻擊的結果。

雖然憂鬱症最深層的心理動力，無法只用對重啟的渴望來解釋，不過在許多憂鬱症患者心中，自我理想與現實之間確實存在著相當大的差異，所以他們才會想要重啟，但我們幾乎不可能透過重啟解決這些問題，這也是為什麼憂鬱症患者經常會因為無法解決問題，而導致挫折、焦躁與憤怒。

我們心中，對失敗的渴望

對於重啟的渴望，不僅出現在憂鬱症患者身上，事實上，很多人會在人生早期就接觸到這種渴望。這種情況十分普遍，尤其在民間故事、童話或慣用語中，我們經常可以找到這樣的例子，接下來就以全世界所有大人小孩都知道的《灰姑娘》為例。說到《灰姑娘》，一般人可能會認為是歐美的故事，但其實韓國也有《荳兒和痘花》與之架構相似的故事。《灰姑娘》與《荳兒和痘花》超越了地區與文化圈的限制，擁有共通的故事結構與心理意義。

灰姑娘的主角仙杜瑞拉自幼喪母，並和繼母與兩位繼姊一起生活。表面上來看，故事結構是母親死了，接著有一位繼母加入；但若從心理層面來看，也可以說是反應仙杜瑞拉不想認同自己父母的渴望。對孩子來說，父母是相當於神的存在，但孩子成長過程中，卻會對看似萬能的父母一點一滴感到失望，這是當然的事情，畢竟父母不是神。成長其實就是接受曾經認為無所不能的父母，其實也跟自己一樣是個普通人的過程，只是這個過程非常痛苦。而這樣的痛苦與挫折，會讓孩子的自愛受傷。我們會在民間傳說中看見類似「我不是這種卑劣家庭的一員，媽媽不是我真正的媽媽，我真正的媽媽肯定是哪裡的王妃，我原本出生在很高貴的家庭」的想法，這其實是在描述孩子在自愛發展的過程中，難以接受現實的狀況，而佛洛伊德將這種思考模式命名為「皇室症候群」（Royal Family Syndrome）。

如果覺得孩子的自愛這個概念有點難理解，那我就用我的幼年記憶來解釋吧！這個例子能清楚讓我們看見，自戀在小孩的心理發展過程中有多麼重要，小孩在面對這個問題時又有多麼脆弱。

這件事情，大約發生在我七歲左右。某天，社區所有的小孩都聚在一條巷子裡玩，雖然不記得是誰帶頭又是為何開始的，但孩子們很快地開始一一炫耀自己家的電風扇。一個孩子說：「我家的電風扇可以開到三段。」另一個孩子則回：「我家電風扇有四段。」一開始說話的孩子又回：「但我家的電風扇風比你家的強很多。」在大人眼中這是幼稚透頂的對話，但對當時的那群小孩來說，這可是關乎自尊心的真摯爭論。

讓我們再次回到灰姑娘的故事。如果我們把這部童話套用在現實中，就能發現它正傳達著隨時都能重啟的訊息，所以它其實安撫了孩子們因自尊與自愛受損而受傷的心靈。對重啟的渴望不是只出現在童話中，韓國人十分熟悉的《金斧頭和銀斧頭》，其實也能以相同的脈絡來分析。這個故事投射出只要活得善良且正直，人生就能重啟的純真渴望。如果說透過童話看見的重啟是較純真的渴望，那麼現實人生中對重啟的渴望，則會以較為病態的形式出現。例如：賭博成癮就能看成是一種病態的重啟渴望。賭博成癮者心中有毫無依據的希望，認為即使持續輸錢，總有一天也能挽回所有輸掉的錢，甚至可能還有賺。這個希望是基於對現實的否定，也會促使賭博成癮者將無法實現的重啟渴望付諸實行。從這個層面來看，沉溺賭博可說是每一瞬間都在重複類似輕生的行為。

此外，許多電影也用有趣的方式，讓我們看見重啟可能帶來的悲劇結局，其中之一就是一九九三年上映的美國電影《今天暫時停止》（Groundhog Day）。劇中擔任氣象播報員的菲爾・康納斯是個非常自我中心且冷酷的人，他為了採訪土撥鼠日（就是所謂的驚蟄）而和同事一起前往一座小村莊。採訪結束後，村子裡的人建議他們一起參與慶典，但他卻冷酷地拒絕並離開當地。

路途中，突如其來的暴雪使他掉頭回到村子，並在村子裡住了一天。隔天睜開眼睛的菲爾，開始發現自己的時間不斷遭到重啟，讓他一直重複度過相同的一天。當他知道無論如何努力都無法扭轉時間時，他開始嘗試實現所有自己曾經想做的事，例如：勾引女人、偷錢包、搞砸慶典等。簡言之，他在這段時間裡實現了內心隱藏的所有渴望，但他也很快地對這種重啟的狀況感到絕望。愉快轉變成為厭倦，菲爾感覺自己受困在無限輪迴的地獄中，無論如何努力獲取金錢、愛情、名譽，到了隔天一切都會化為烏有、恢復原狀。他甚至想過死掉或許就能解決，並且嘗試輕生，但他卻不被允許輕生。這部電影讓我們看見若重啟實際發生在現實中，會帶來多麼悲劇性的結果。

而在第一線的臨床現場，最經典的重啟，就是失智。各位可以想想新記憶只能持續五分鐘的重症失智患者，就某個意義上來說，就是人生每五分鐘持續重啟一次。記不住任何事情，每次都必須重新開始的重啟，本質上就是一種恐怖的事情。

讓不吉利的腳印也能成爲小蓮池的力量

當理想的「我」與現在的「我」不一致時，我們會無法接受現在的狀況，且對無法改變的事實感到無力，同時也對創造出當前自我的「我自己」生氣。其實可以試著想想看，要如何在不傷害自己的前提之下實現那份渴望，嘗試理解渴望重啟者的心態。

渴望重啟的心，是源自對現實的不滿足，那重啟是否就能成為截然不同的自己？人的生命是由一連串的失去所組合而成，為此，我們必須持續經歷、哀悼失去的這點，不會改變。若無法接受重複失去與哀悼的人生，只是持續按下重啟鍵，那人生將會如何？如果獲得從頭開始的機會，卻仍持續同樣的行為，也有可能無法得到原本希望透過重啟獲得的結果。**在「我」自己本身不改變的狀況下一再重蹈覆轍，只會使自己更加痛苦。**

與此相對，修復則屬於一種接受，但並不是要無條件接受現在，而是接受不可能改變的部分，並一點一滴改變能改變的部分。透過修復，有著不祥腳印的小蓮池也可以變得小巧可愛，我們也可以接受自己，慢慢擺脫束縛自我的枷鎖。當我們選擇以修復取代重啟，人生肯定會變得比現在更加美麗。

專欄 4

哀悼之後所獲得的事物

我們每個人心中，都有屬於各自的花朵，這朵花象徵最珍貴的、我們所追求的人生樣貌。但若這朵花過於理想，就會與現實格格不入，這是一種失去，也是一種缺乏，而失望、挫折、憤怒等眾多情緒便會由此而生。即使在同樣令人失望、挫折、憤怒的情況下，每個人所感受到的程度或情況也大不相同。

而之所以會產生這樣個別的差異，原因之一，就是每個人固有的氣質與創傷，有所不同。我們每個人天生就有不同的氣質，若有些人天生文靜，就有些人天生活潑；有些人易怒敏感，也有些人敦厚老實。因此，尊重每個孩子天生的氣質，讓孩子們在成長過程中遇見任何大風大浪都能健康成長的要素，就是父母的養育、環境與教育。假設現在有兩個孩子氣質十分相近，但隨著他們成長的環境是否充滿創傷，兩人各自需要面臨的課題也會有所不同。反之，即便兩個不同的人天生氣質相似，但在搭配環境等眾多要素同時發揮作用的情況下，就能發展出個人獨特的個性。

原則上，當人形成一定的個性之後，到離開這個世界之前，其個性都不太會脫離大框架。人生在世，每個人都有自己獨特的個性，這也會促使我們在人生過程中歷經許多事情。

不是沒有花，只是看不見而已

前往禪雲寺的溝壑，
欣賞禪雲寺的山茶花，
卻發現山茶花尚未盛開。
酒館女子的六字謠曲調，
只讓我憶起去年的花朵。
且是在沙啞的歌聲中。

——徐廷柱，《禪雲寺洞口》

這首著名的詩《禪雲寺洞口》，書寫了擁有不同氣質的我們，該如何解決、克服人生中面臨的問題，帶給人奇特的共鳴。詩中的話者前往禪雲寺這個特定的空間，但他太早抵達，因而沒能看到花開，於是他前往酒館聆聽六字謠曲調，卻發現連那首歌都「沙啞」了。

可以發現，詩中的話者努力想看見最美麗的花朵，但這樣的努力卻付諸東流。其實這首短短六行的詩，並沒有具體呈現話者經歷的情緒漩渦，只能從「沙啞的歌聲」窺探他部分的失望與挫折。**就像他沒能如願看見美麗的花一般，我們的人生也經常無法如願以償，例如：未竟的願望、消失的時間、與重要之人的離別、怨恨委屈的事情……，而接納這些並開放水門使情緒流動的過程，就是哀悼**。哀悼過程會與失去或匱乏的強度、種類以及各自天生的氣質、幼年時期的環境、養育等條件息息相關。也因此哀悼在內心上十分複雜，也可能會在特定情況下成為令人難受的陣痛。

如果創傷比自我所能處理的更加龐大，就會發生完全無法進行哀悼的情況，這稱為「固著」。如字面意義所述，固著就是一個人的內在時鐘徹底停擺，而與內在時鐘停擺有關的經典問題之一就是憂鬱症。

年逾三十五的Ｈ一直有週期性憂鬱症，他很執著於「完美」與「純粹」，一旦迷上某一件事情，就必須成為該領域的專家，只要犯一點小小的失誤，就會深深自責且無法原諒自己。下班後獨處時，他會花好幾個小時回想一天當中令自己不愉快的事情，也會反省自己對別人所說的話或所做的行為中，是否有任何問題等，然而，這種行徑使他的腦中總是充斥著負面想法。

他大學與研究所分別主修數學與物理學，他認為像生物學這種重視經驗更勝理論的學問，很容易出現差異，屬於不純粹的學問；在他的心中，不同領域的學問有著位階之差。發生在日常生活中的經驗處於最下位，比那更純粹的是文學，再之上是同時看重理論與經驗的物理學或化學，再之上則是哲學、音樂，位處最高階的則是極為抽象、純粹的數學。對他來說，純粹的集合體、世界上最完美的事物、他心中最「真」的東西並不是語言、人際關係或人類的情緒等，而是哲學或數字的世界。因此，雖然他的經歷不顯赫、年紀也不大，但他在自己的專業領域中卻能達成相當的成就。

然而，他的內心總是孤獨，他面對愛情十分理性，鮮少有機會能好好談一段戀情。某天，他終於第一次遇見自己理想中的女性，但週期性發作的憂鬱症成了他的困擾。每到憂鬱症發作的時期，他就會不跟女友聯絡且足不出戶，對此身心俱疲的女友決定跟他分手，H在幾近恐慌的狀態下前來諮商。

回想起來，他幾乎沒有交過女友的原因，似乎也是來自於他害怕被拒絕、被拋棄的恐懼。我身為H的諮商師，不知為何總好奇他的執著究竟來自何處，且也花了許多時間和H一起探究其源頭。我們發現，一直以來H都有著十分獨特的幻想。

那個幻想似乎來自他對物理學的喜好與知識，他的幻想有如電影的場景一般，是一顆小小的粒子獨自在宇宙中永遠旅行的畫面。我從中感覺到他絕對的孤獨與孤單，但他卻絲毫沒有類似的情緒或感受，取而代之的是宇宙中時間與空間帶來的壓迫與混亂。

假設有一顆距離地球一萬光年的行星，即使此刻那顆行星爆炸，從宇宙中徹底消失，但地球未來一萬年內也還是能持續看見那顆星，因為爆炸後最後從那顆行星出發的光粒子，要花一萬年的時間才會抵達地球。而觀察的對象在一萬年前就已經消失，留下的只是殘像，這對身為物理學專家的H來說並不稀奇，但他卻難以打從心底接受將「虛像」當成實際存在的物體，不疑有他地持續觀察。

想保護彼此不受什麼侵害呢？

H出生後一個月就被領養，他的養父母，尤其是養母把他當親生兒子一樣扶養，且全家沒有人跟他本人透露過他是養子。H有分別比他大七歲、大五歲的兩位姊姊，她們是養父母的親女兒，由於養父非常想要一個兒子卻始終無法如願，因此夫妻才決定領養男孩。

養父是個非常重視成就的人，由於他自身無法成功所導致的挫敗與自卑，促使他「全神貫注」地培養H，希望H能功成名就。H成長過程中，總是背負著必須滿足養父期待的壓力，家中只有母親能提供他情緒上的穩定依靠。青春期的某天，他偶然從親戚長輩那聽說自己是養子的事實，這使他大受打擊，只不過當時的他無法明確認知到那種打擊或感受。

當時的Ｈ十分茫然，不知被什麼東西壓垮，更感覺整件事像謊言一樣荒誕怪異，這種感受十分強烈且遲遲揮之不去。後來，自己究竟是誰、在家中是何種存在等疑問沒能獲得解決，讓他一直過得戰戰競競。而得知自己是養子的事實，也讓他終於明白為何一直以來都覺得姊姊們對他很冷淡，以及小時候為何經常被姊姊欺負。

不過，如果父母知道他「已經知道」自己是養子，就可能會讓全世界最愛的母親受傷，於是他決定保密。從這時開始，家庭內就形成奇特的溝通結構。父母害怕Ｈ會受傷，持續對Ｈ保密，Ｈ則按照自己的決定，不讓大家知道他已經知道此事。雖然每個人的意圖都很好，但從結果來看，這卻形成一種持續彼此欺騙的奇怪溝通模式。Ｈ的父母認為自己在保護Ｈ，Ｈ也認為自己在保護父母，但他們想保護的究竟是什麼？又想保護彼此遠離什麼？

這樣的狀態一直持續到Ｈ二十歲左右，一天，養母被診斷出癌症末期並突然離世。與母親相關的複雜情緒與祕密尚未解決，該對象卻從世上消失了，這讓Ｈ在精神上經歷極度的徬徨，從而造成週期性復發的憂鬱症，經常使他難以維持正常的學校生活。

諮商進行了好一段時間之後，H才開始意識到，成長過程以及在其中所經歷的許多情緒問題，都與他長期認定的宇宙形象有密切的關聯。得知自己被領養、不是父母所親生的事實所帶來的打擊，其嚴重程度幾乎可比擬宇宙中的行星爆發。H終於發現，自己自幼至今，始終無法精準認知且消化這令人大受打擊的真相及隨之而來的情緒。

H得知家裡的祕密之後，讓雙方陷入各自懷抱祕密、欺騙彼此的狀態中，在這狀態中他感覺到的孤獨，化身成為在宇宙空間裡無盡漂泊的粒子。而這樣的視覺幻像，象徵著孤獨這份情緒被阻斷，只有被領養的事實浮現至意識表面。夜空中的星星是否實際存在的混亂感，則來自於他所經歷的打擊與混亂。由於他經歷的世界相當不完整，所以他總認為自己親眼看見、親身體驗的現象，背後仍有更巨大、更重要的隱形存在，這種感覺進一步使他對數學或哲學等更為完整的學問，及對某種內在隱形因素的執著。

諮商快結束時，H引用了《禪雲寺洞口》這首詩，整理他這段時間獲得的認知：

「就像詩中的禪雲寺之花一樣，我似乎有很長一段時間，都在尋找某個理想對象或世界。對我自己也是，因為我無法接受不完美的自己。在那次的打擊之後，我可能一直都在生氣。當然，我一直都沒意識到自己在生氣。我同時也在氣欺騙我的父母、經常欺負我的姊姊、違背我意願讓我得知真相的親戚，但對他們生氣也於事無補吧？所以我才會折磨自己、讓自己陷入憂鬱。

母親去世時，覺得自己永遠沒有機會理清雙重祕密帶來的混亂，但現在我覺得，即便母親仍在世，過去的事情又能怎麼樣呢？我想我對母親或其他家人，也許有過度理想的期待。或許在我成長的過程中，他們也曾經覺得錯過公開祕密的機會，或因為害怕我的反應而不敢說出真相也說不定。

總之，在得知真相之後，現實對我來說就是『狗屎堆』，我或許是因為討厭這狗屎堆，才開始執著夢想、文學、哲學、數字的世界。詩裡這位鄉下酒館女子的現實人生肯定卑下且疲憊不堪，但至少她在那首詩中，已經以永恆之美的形式獲得救贖。這坨現實的狗屎堆之中，充斥著許多我不能理解的事物。

我為何出生？為何一出生就被拋棄？為何當時親戚要告訴我這件事？姊姊們為何要欺負我？父母為何不告訴我事實，反而讓我覺得領養這件事很不好？這些沒有解答的問題，似乎長期以來被我壓抑在心中。

物理學或數字的世界沒有感情，所以也沒有痛苦。仔細想想，那或許就是能逃避現實混亂與痛苦的世界。但諷刺的是，物理學或數字的世界是沒有血肉的冰冷世界，所以身處其中的我一直以來都很孤單。

於是我開始尋找能永遠陪在我身邊，不會像養母一樣突然去世的人，也使得我只要看到對方小小的缺點就會切斷關係，以至於完全無法和任何人談戀愛，這實在很諷刺。

雖然我極度渴望有人陪伴，卻絕對無法和任何人交往，現在想想，這似乎也代表我非常害怕被他人拋棄。

就像那首詩中，主角在微不足道的現實中，透過酒館之女的歌聲找到自己的花朵一樣，我似乎也找到我的花了。這世界不會完美，我的父母和姊姊也都跟我一樣，只能是不完美的人類，我無法通曉或理解一切，這樣的領悟就是我所找到雖小卻重要的花朵。

現在我似乎可以離開遙遠的宇宙，回到現實的狗屎堆中再稍微打滾一下了。真的很神奇，不同於歷經一翻寒徹骨後如曇花一現的禪雲寺山茶花，徐廷柱詩人在禪雲寺洞口之外所發現的那朵小花，反而能夠整年盛開，我想我的花應該也是這樣吧！」

「語言」是釋放創傷的力量

在精神分析中，比起單純的外部衝擊或事件，創傷更接近於內在的狀態。

若想透過語言釋放內心壓抑的感受，就不該讓一開始的事件定型成創傷，應該使其以能將是件娓娓道來的「回想形式」留下。相反地，若這個過程進行得不夠充分，該情緒團塊就會像異物一樣成為心中的芥蒂，如此一來，當事人就會在不知道自己內心究竟潛伏了什麼的狀態下成長。

從創傷層面來看，我跟H花了很長一段時間爭論，為何他的母親不是生母這件事，會令他留下如此巨大的創傷。我們的結論是：這個問題源自於H一開始受到的驚訝與衝擊根本沒有被安撫，而且真相是由親戚轉述而非父母親口告知，也讓整件事蒙上禁忌的陰影。同時H總是幻想若打破這樣的禁忌，H的父母，尤其是精神較為脆弱的母親就會遭受打擊。即使母親敏感、脆弱，但會比年幼的H更差嗎？在H心裡需要充分照顧的人不是年幼的自己，而是母親；也就是說，H幻想自己能保護母親，而很多小孩都跟H一樣，有這種認為自己十項全能的幻想。**大多數父母所需要扮演的角色，就是在這樣的幻想與現實之間架設橋梁，使小孩更能適應世界，而這項成為溝通橋梁的工具，就是「同理心」和「語言」。**

透過每週至少兩次，持續長達數年的諮商，H認為自己在兩個層面獲得幫助。每當他講述自己感覺不到任何情緒，以及幻想小粒子在宇宙空間中穿梭的事時，我腦中浮現的是空無一物，充滿極致孤獨與寂寥的空間，這也代表這種孤獨情緒打從一開始便存在於H心中。

H獲得的其中一個幫助，便是我負責感受情緒。我曾在諮商時多次提到：「現在你說的部分，不知為何會讓我感到非常孤單、淒涼。」H一開始很難接受這些情緒的存在，它們對他來說是壓力也是痛苦。而另外一個幫助（H認為這部分更重要），則是讓

H感覺有人和自己「在一起」。

起初H並沒有感覺到有人和自己「在一起」，是直到我與H一起努力很長一段時間之後，他才能產生這樣的感受。神奇的是不知從何時起，他腦中的粒子幻影越來越稀薄，諮商結束時，和宇宙有關的想法或幻想，幾乎已經從他腦中消失。

讓我們再回到徐廷柱的詩《禪雲寺洞口》。詩人看似以「去年」、「沙啞」來表現自己的失望，但有趣的是他也悄悄告訴我們，有別於不知何時早已盛開、凋謝的山茶花，在酒館女子沙啞六字謠曲調之中的花，從去年到現在從未謝過。「只讓我憶起去年的花朵」所傳達出的失望，反而搖身一變成了「去年的花朵仍然盛開」的想像。

詩人並沒有具體描述這個想法轉變的過程，不過我知道在精神分析當中，這些微的改變其實相當巨大。事實上，必須花費數年的時間與精力，才能獲得這些微的轉變，因此，在探索自我並獲得某種領悟時的改變，絕對不會只是小改變，因為一個人光是能將想法從「只讓我憶起去年的花朵」，轉換成為「去年的花朵仍然盛開」，就表示他身上已經產生了不可逆的改變了。

self-help
S
11

和創傷說再見

好好哀悼，好好悲傷——佛洛伊德精神分析式的故事療癒

상처받은 나를 위한 애도 수업 : 프로이트가 조언하는 후회와 자책에서 벗어나는 법

作　　者｜姜恩鎬（강은호）
譯　　者｜陳品芳
封面設計｜木木 Lin
內文排版｜葉若蒂
責任編輯｜黃文慧
特約編輯｜周書宇

出　　版｜境好出版事業有限公司
總 編 輯｜黃文慧
副總編輯｜鍾宜君
行銷企畫｜胡雯琳
會計行政｜簡佩鈺
地　　址｜104 台北市中山區復興北路 38 號 7F 之 2
網　　址｜https://www.facebook.com/JinghaoBOOK
電子信箱｜JingHao@jinghaobook.com.tw
電　　話｜（02）2516-6892
傳　　真｜（02）2516-6891

發　　行｜采實文化事業股份有限公司
地　　址｜104 台北市中山區南京東路二段 95 號 9 樓
電　　話｜（02）2511-9798
傳　　真｜（02）2571-3298

法律顧問｜第一國際法律事務所 余淑杏律師

定　　價｜499 元
初版一刷｜2022 年 12 月
ISBN｜9786267087749
EISBN（PDF）｜9786267087824
EISBN（EPUB）｜9786267087817

國家圖書館出版品預行編目 (CIP) 資料

和創傷說再見 : 好好哀悼 , 好好悲傷 , 佛洛伊德精神分析式的故事療癒 / 姜恩鎬著 ; 陳品芳譯 . -- 初版 . -- 臺北市 : 境好出版事業有限公司出版 : 采實文化事業股份有限公司發行 , 2022.12　面；　公分
譯自 : 상처받은 나를 위한 애도 수업 : 프로이트가 조언하는 후회와 자책에서 벗어나는 법
ISBN 978-626-7087-74-9(平裝)
1.CST: 精神分析　2.CST: 心理創傷　3.CST: 心理治療
175.7　111017412